世界卷

World Facts

这才是

历史的真面孔

高杉峻——著

台海出版社

图书在版编目（CIP）数据

这才是历史的真面孔 . 世界卷 / 高杉峻著 . -- 北京：
台海出版社 , 2025. 3. -- ISBN 978-7-5168-4147-1

Ⅰ . K109

中国国家版本馆 CIP 数据核字第 202539G464 号

这才是历史的真面孔 . 世界卷

著　　者：高杉峻

责任编辑：魏　敏
封面设计：天下书装

出版发行：台海出版社
社　　址：北京市东城区景山东街 20 号　　邮政编码：100009
电　　话：010-64041652（发行，邮购）
传　　真：010-84045799（总编室）
网　　址：www.taimeng.org.cn/thcbs/default.htm
E - mail：thcbs@126.com

经　　销：全国各地新华书店
印　　刷：三河市万龙印装有限公司
本书如有破损、缺页、装订错误，请与本社联系调换

开　　本：710 毫米 × 1000 毫米　　　　1/16
字　　数：150 千字　　　　　　　印　　张：12
版　　次：2025 年 3 月第 1 版　　　印　　次：2025 年 4 月第 1 次印刷
书　　号：ISBN 978-7-5168-4147-1
定　　价：59.00 元

前言

在世界历史的浩瀚星河中，每一颗星辰都代表着一段过往，它们交相辉映，共同绘制出一幅波澜壮阔的人类文明画卷。这不仅是一段段历史的留痕，更是人类智慧、文明的璀璨再现。

从远古的迷雾中走来，人类文明的火种在地球上悄然燃起。自四大文明古国出现开始，世界各地相继绽放出文明的光芒。此后它们成为人类遗产中不可磨灭的印记。

历史的舞台不断变换，世界历史也通过文献、遗迹、传说等多种形式被记录和传颂下来，我们得以对世界历史和各地文化形成朴素的认知。我们看到了古希腊的战场，看到了大航海时代的海船，看到了埃及艳后、路易十四、爱因斯坦等一众名人……

然而，历史的星辰中总有许多是晦暗不明或者我们很少关注到的，正是这种不熟悉和未经查证的疏离感让我们对世界历史的诸多事件、人物形成了一些错觉。某种程度上说，历史有多副面孔，因为历史本身如此广阔与漫长，而我们的认知终归有限。然而，我们可以尽可能用更宽广的视角来剖析世界历史，揭开它那些不为人所熟知的一面。比如，我们可以探知古希腊战场上如何跑出"马拉松"，大航海时代"橙汁"如何拯救无数海员的性命……

悠久深邃的历史往往伴随着层出不穷的谜团，正因如此，古往今来世界各地的历史学者不辞辛劳地于历史的深海中不懈地探索，以时间为丝线，串联起碎片化的真相，为我们解读众多惊奇和疑问组成的历史提供了支持。本书收录了数十个"历史的真面孔"，涵盖从古巴比伦文明至当代的漫长时间，内容遍及战争、文明、科技、名人等多个领域，旨在引导读者趣读世界历史中那些令人称奇的过往和故事，从而在读史中读懂世界。

　　在撰写本书的过程中，笔者参阅了众多有关世界历史的文献，力图从"小视角"入手，为读者描绘一个看似陌生、实则真实有趣的世界。在此期待每位读者能够在阅读中收获知识与乐趣的同时，穿越古今中外，阅览大千世界。因著者学识所限，书中如有纰漏之处，敬请读者批评指正。让我们一起把握历史的脉络，走进历史的深处，触碰历史的真相。

目录

战争疑云

文明历程

时空交错

科技纪元

历史趣闻

名人趣事

战争疑云

马拉松战役报喜跑出个"马拉松"

马拉松长跑是全球范围内最受欢迎的体育赛事之一。每年世界各地都会举办多场马拉松比赛。这些比赛不仅有专业运动员的参与，也吸引了大量的业余选手和跑步爱好者。不过，许多人并不知道马拉松的比赛长度设置为 42.195 千米的真正原因。

报胜利跑出了"马拉松"

公元前 490 年，波斯帝国对希腊城邦发动了战争，希腊人为了保卫自己的家园，奋起抵抗侵略者。在马拉松平原上，希腊城邦联军与波斯军队展开了一场激烈的战斗。虽然希腊军队人数远少于波斯军队，但他们凭借坚定的信念和出色的战术，最终击败了强大的波斯军队，赢得了这场战役的胜利。

战后，希腊军人沉浸在胜利的喜悦之中。为了尽快将这一喜讯传达给远在雅典的同胞们，希腊士兵斐迪庇第斯没有任何犹豫，立刻从马拉松平原出发，全速奔向雅典。他穿越了崎岖的山路，跨过了湍急的河流，一路奔跑，没有停歇。当斐迪庇第斯终于抵达雅典，进入城市广场时，他大声呼喊："雅典人，我们胜利了！"不幸的是，由于长时间的奔跑和极度的疲惫，他倒在地上，再也没有站起来。

斐迪庇第斯的英勇事迹深深地打动了希腊人，他们为这位英雄举行了隆重的葬礼，并将他视为国家的骄傲。公元1896年，在雅典举行的第一届现代奥运会上，为了纪念斐迪庇第斯，顾拜旦在历史学家布莱尔的建议下，专门设置了从马拉松跑到雅典的长跑比赛，并定名为"马拉松"。赛道沿用当年斐迪庇第斯所跑的路线，距离约为40.2千米。第二年，波士顿马拉松赛举行，这也是世界上历史最悠久的城市马拉松赛。到了1908年第四届伦敦奥运会时，为方便英国王室成员观看马拉松比赛，赛事方将起点设在温莎宫，终点设在奥林匹克运动场，起点到终点的距离为42.195千米。后来国际田联将42.195千米确定为马拉松跑的标准距离，并沿用至今。

历史小视界

在古代，许多体育运动项目实际上源自战争。例如，马术、帆船和多人赛艇，这些运动都直接脱胎于古代战争中的行军、航行与团队协作策略。武术、击剑与拳击等不仅是身体力量的展现，更是古代士兵近身格斗技能的延续。射箭，作为冷兵器时代的重要技能，同样在现代体育中占据了一席之地。此外，游泳及各类田径投掷项目，如标枪、铅球、链球、铁饼等，也都源自古代军事训练中的投掷技巧。就连径赛项目中的障碍赛跑、接力赛跑、跨栏跑，以及中长跑和马拉松，都是从古代战争的军事技术中逐渐演变而来的。

特洛伊城毁于一匹木马

　　在史诗《伊利亚特》中，特洛伊战争的直接起因是斯巴达王墨涅拉奥斯的妻子海伦被特洛伊王子帕里斯拐走。为了夺回海伦，墨涅拉奥斯与其兄弟阿伽门农联合希腊各城邦，组成联军攻打特洛伊。

　　特洛伊城坚固异常，传说是由海神亲自建造，地形易守难攻。希腊联军围城九年，都未能攻克。战争第十年，希腊联军中的智者奥德修斯提出了一个大胆而巧妙的计策——制造一匹巨大的中空木马，作为诱饵，诱使特洛伊人放松警惕，打开城门。最终在"木马计"帮助下，希腊联军攻陷了特洛伊城。

中空木马，特洛伊城下的智慧

　　希腊联军按照奥德修斯的计策，秘密制造巨大的木马。工匠们日夜赶工，终于在一个清晨，这匹栩栩如生的木马完成了。它的身体由坚实的橡木制成，表面雕刻着精美的图案，看起来就像一匹真正的战马。然而，木马的腹部却是中空的，足以容纳数十名希腊士兵。

希腊联军先是悄悄撤退，将巨大的木马留在沙滩上。当特洛伊人发现这匹神秘的木马时，他们被其精美的外观所震撼。特洛伊人将这匹木马视为战利品，欢天喜地地把它拖进了城内。特洛伊城内沉浸在一片欢庆之中，而木马则静静地伫立在广场上，等待着它的使命。

等到夜幕降临，木马腹部悄悄被打开。数十名希腊精锐士兵从中爬出，他们手持武器，悄无声息地向城门靠近。此时特洛伊的城门守卫正沉浸在美梦中，对即将发生的危险一无所知。

就在此时，城门被悄悄打开。城外的希腊联军如潮水般涌入城内，与城内的特洛伊士兵展开了激烈的战斗。特洛伊人在突如其来的袭击中惊慌失措，四散奔逃，他们的抵抗在希腊联军的猛攻下显得如此无力。

一夜之间，特洛伊城化为一片废墟。火焰在城中蔓延，哀号声此起彼伏。那些曾经骁勇善战的特洛伊战士们，在希腊联军的铁蹄下纷纷倒下。斯巴达国王墨涅拉奥斯进入特洛伊城后找到了躲藏的海伦，带着她穿过废墟回到自己的军帐，两个人最终重归于好。

历史小视界

特洛伊战争和希腊神话密不可分。战争中，奥林匹亚众神也参与了，战争的源头"金苹果之争"就是众神争风吃醋的结果。人类英雄佩琉斯和海洋女神忒提斯举行婚礼，不和女神厄里斯没有受到邀请，她因此怀恨在心，在婚礼上扔下一个"献给最美女神的"金苹果。赫拉、雅典娜、阿佛洛狄忒三位女神为了争夺金苹果，分别向特洛伊的王子帕里斯许诺。帕里斯最终选择了爱情和狩猎女神阿佛洛狄忒，因为她答应让他拥有世界上最美丽的女人。随后，阿佛洛狄忒帮助帕里斯诱拐了斯巴达王墨涅拉奥斯的妻子海伦，最终引发了特洛伊之战。

亚历山大的制胜秘诀"马其顿方阵"

在古希腊那片古老的土地上，历史的长河缓缓流淌，孕育出了一位不朽的征服者——亚历山大大帝。他的故事和他建立的亚历山大帝国一样，如同璀璨星辰般闪耀于历史的天空中。而支持他征服世界的，正是那闻名遐迩、无坚不摧的马其顿方阵。

父子齐心打造战争机器

马其顿方阵是马其顿国王腓力二世在希腊方阵的基础上创立的阵型，后由亚历山大大帝进一步完善并广泛应用。它是一种早期步兵作战战术，以长矛为主要武器，通过密集的阵型和协同作战来击败敌人。

腓力二世在底比斯跟随伊巴密浓达学习了希腊先进的军事战略战术，这些经验为他后来创立马其顿方阵打下了坚实基础。回到马其顿后，腓力二世严格训练军队，提高军队中的骑兵数量，并改进军队的编阵和武器装备。基于希腊方阵的传统和自身的创新，腓力二世创立了马其顿方阵。

公元前 336 年夏天，在马其顿旧都皮拉（培拉），当时腓力二世正在为女儿举办婚礼。他身穿节日的白袍，喜气洋洋地在宾客的簇拥下走向礼堂，为女儿和伊庇鲁斯国王的婚礼助兴。

就在腓力二世经过礼堂入口处时，一个士兵打扮的人突然从人群中冲出来，拔出短剑向腓力二世的胸部刺去。

腓力二世来不及躲闪，瞬间倒在血泊之中。

腓力二世的死讯传开后，马其顿宫廷内部一片混乱，同时北方各部族和希腊各城邦也蠢蠢欲动，准备推翻马其顿的统治。年仅 20 岁的王子亚历山大继位马其顿国王，通过一系列政治和军事手段稳定了局势。之后，他继承了父亲的遗志，带领着以马其顿方阵为核心的大军继续出征。

横扫西方的马其顿大军

马其顿方阵是马其顿军队的核心，是主要由步兵组成的长枪方阵。这些士兵身着厚重的铠甲，手持长矛。他们经过严格的训练，能够在战场上以惊人的速度和默契，形成一道坚不可摧的矛墙。

马其顿方阵并非单一兵种的堆砌，而是多种兵种紧密协同作战的复杂体系。轻步兵如同灵活的游蛇，穿梭于战场之上，保护方阵的侧翼和后方；重骑兵则如同猛虎下山，能在关键时刻发起冲锋，直取敌军要害；而辅助部队，如掷矛手和弓箭手，则提供远程火力支援，为方阵的进攻创造有利条件。

在亚历山大的率领下，马其顿大军如同一把锋利的剑，直指四方，开启了征服世界的伟大征程。

从希腊半岛出发，亚历山大的军队首先击败了强大的波斯帝国。在格拉尼库斯河战役中，马其顿方阵展现出其强大的战斗力。公元前334年春，亚历山大率领一支由三万至四万步兵、五千至六千骑兵（包括著名的马其顿伙伴骑兵）和少量海军组成的军队，越过赫勒斯滂海峡（今达达尼尔海峡），进入波斯帝国控制的亚洲领土。波斯国王大流士三世派遣了一支由波斯、希腊雇佣军以及其他被征服民族组成的军队，在格拉尼库斯河畔迎战马其顿大军。战斗开始时，波斯军队占据了有利地形，并试图利用数量优势击败马其顿军队。然而，亚历山大巧妙地运用了战术，他命令骑兵部队从侧翼突袭波斯军队，同时以马其顿方阵为主的步兵在正面攻击。在激烈的战斗中，马其顿伙伴骑兵发挥了关键作用，他们凭借出色的作战技巧和非凡的勇气，冲破了波斯军队的防线。最终，波斯军队在混乱中溃败，大流士三世在战斗中逃走。亚历山大追击了一段距离后，选择了停止追击，巩固战果。此役，马其顿军队取得了辉煌胜利，俘虏了大量波斯士兵，缴获众多战利品。

随着征服的脚步不断向前，亚历山大的军队跨越地中海，进入中东地区。在这里，他们遭遇了更加强大的对手——埃及的托勒密王朝和巴比伦的尼布甲尼撒王朝。然而，在马其顿大军的强大威力面前，这些帝国都显得不堪一击。亚历山大凭借着智慧和勇气，以及马其顿方阵的无敌之姿，一一征服了这些强大的帝国。

最终，亚历山大的军队抵达遥远的印度河流域。在这里，他们遭遇了历史上最为艰难的战斗——赫达斯庇河战役。然而，在马其顿方阵的英勇奋战下，亚历山大的军队再次取得胜利。他们征服了印度河流域的诸多王国，将亚历山大的帝国版图扩张到了前所未有的广阔领域。

在实际战场上，马其顿方阵的主要作用并非直接突破敌军阵线，而是吸引并牵制敌军，稳固己方阵脚，其角色类似于砧板。与此同时，马其顿的重装骑兵则承担冲锋与包抄的任务。方阵在前方施加压力，骑兵则从侧翼包抄，共同形成前后夹击的战术布局，被形象地称为"锤砧战术"。

《扬基歌》源于对美国人的嘲讽

《扬基歌》不仅是一首脍炙人口的歌曲，更是一个时代的象征，承载着美国独立战争的深厚历史底蕴。时至今日，《扬基歌》已成为美国人的骄傲。但是在最开始时，《扬基歌》是美国独立战争期间，英国人嘲讽美国人的歌曲。

战胜敌人，敌人的嘲讽就更像"褒奖"

在公元 18 世纪，当时美国还处在英国的殖民统治之下，《扬基歌》首次走进了人们的视线。那时的它，更多是以一种嘲笑和讽刺的面目出现。歌词描述的是殖民地居民的不堪和粗俗，是他们与英军士兵在勇气、举止和衣着上的巨大差距。英军士兵们常常在战场上高唱这首歌，以此来嘲笑和羞辱那些他们眼中的"土包子"。

然而，历史总是充满了戏剧性。当美国大陆军战胜英军，美国独立战争取得最终胜利时，那些曾经高唱《扬基歌》的英军士兵们，却不得不低下他们高傲的头颅，向曾经被他们嘲笑的美国大陆军投降。在那一刻，英国军官们心中的不甘和愤怒达到了顶点，他们命令军乐队再次演奏起那首曾经引以为傲的《扬基歌》，以此来羞辱前来受降的美国大陆军。

但美国大陆军司令华盛顿却用一种更为高明的方式回应了他们的挑衅。他不仅没有生气，反而将这首歌作为大陆军的军歌。他用这种方式回应那些英国人：你们曾经嘲笑我们的朴素和粗俗，但正是这些你们看不起的东西，让我们赢得了这场战争和独立。

从此，《扬基歌》从一首象征着嘲讽的歌曲，变成了被自豪传唱的对象。它代表了那时美国人民的朴素、坚韧和勇敢，代表了他们对自己文化的自信和自豪。随着时间的推移，这首歌逐渐成为美国非正式的"第二国歌"，深受人们喜爱。无论在美国电影、电视还是动画中，我们经常能够听到这首"美国国民小调"的熟悉旋律。

历史小视界

扬基歌

作词：理查德·沙克伯勒

作曲：理查德·沙克伯勒

Yankee Doodle went to town riding on a pony,

Stuck a feather in his hat and called it macaroni.

扬基佬骑着矮脚马进了城，帽子上插着一根羽毛。

Yankee Doodle keep it up, Yankee Doodle dandy!

Mind the music and the step and with the girls be handy.

扬基公子哥们，加油啊！拉着姑娘跳舞别踩错拍子。

Father and I went down to camp along with Captain Gooding.

There were all the men and boys as thick as hasty pudding.

我和老爸宿营在"老好人"上尉的营地，

人多得像下饺子，把未成年的孩子也拉来凑数。

Yankee Doodle keep it up, Yankee Koodle dandy!

Mind the music and the step and with the girls be handy.

扬基公子哥们，加油啊！拉着姑娘跳舞别踩错了拍子。

And there was Captain Washington, Upon a slapping stallion.

Giving orders to his men I guess there were a million.

当时华盛顿上尉骑着一匹大公马，向数不清的手下发号施令。

Yankee Doodle keep it up, Yankee Doodle dandy!

Mind the music and the step and with the girls be handy.

扬基公子哥们，加油啊！拉着姑娘跳舞别踩错了拍子。

Yankee Doodle give a tune, it comes in mighty handy.

The enemy all runs away at Yankee Doodle dandy!

扬基佬奏着乐就管用，敌人准是吓得屁滚尿流！

Yankee Doodle keep it up, Yankee Doodle dandy!

Mind the music and the step and with the girls be handy.

扬基公子哥们，加油啊！拉着姑娘跳舞别踩错了拍子。

历时最短的战争不到一个小时

战争往往是残酷的，从古至今，一旦陷入拉锯战，会对国家的人力与财力造成巨大损失。所以兵法上总爱强调速战速决。不过即使如此，战争级别的冲突至少也是以天乃至以月计的。不过，在历史的记载中有一场战争仅持续了 45 分钟，堪称有史可考的历时最短的战争，它就是著名的英桑战争。

大国在一片小岛上的激烈博弈

桑给巴尔是坦桑尼亚联合共和国的一部分，总面积 2600 多平方千米，由温古贾岛、奔巴岛及其他 20 多个小岛组成，与坦桑尼亚最近距离约 36 千米，是非洲与阿拉伯及印度的一个贸易中转地。这里不但盛产农作物，还有贵重金属和宝石。桑给巴尔同时还是长达数个世纪的"奴隶贸易"中最重要的交易中心之一。

早在战争爆发之前，德国和英国便因这个非洲东海岸外的小岛区的控制权而不断发生冲突。在公元 19 世纪 80 年代末至 90 年代初，哈马德·本·杜威尼在英国人的扶持下成立了桑给巴尔苏丹国，并逐渐沦为了英国人控制的傀儡，英国也借此获得了整片岛屿的控制权。

但在公元 1890 年，哈马德·本·杜威尼苏丹病故后，其次子（一说其侄子）哈立德·本·巴伽什在德国人的帮助下自立为苏丹。而英国人则不甘示弱转头支持另一候选人哈茂德·本·穆罕默德，并要求巴伽什马上退位，否则后果自负。

巴伽什认为自己本土作战，身后有德国人撑腰，在国际上还能寻求美国援助，而英国人则需要从位于欧洲的英国本土调兵前来，便果断拒绝了英国人的要求。巴伽什组织起一支军队，准备与英国人来一场大战。

说最狠的话，挨最毒的打

但巴伽什口中战无不胜的军队只有 2800 人，而且大多是刚从民众中强征入伍的新兵，还有少量宫廷禁卫以及一些仆人与奴隶。这些守军的装备只有几门老掉牙的野战炮和几挺没有多少子弹的机枪，还有一艘停泊在港口中、早已过时的木质军舰格拉斯哥号。

当巴伽什组织人手加强王宫守备的时候，英国皇家海军军舰已经围困了整座岛屿，还派出海军陆战队和桑给巴尔仆从军登陆，向巴伽什发出了最后通牒。

此时的巴伽什还在幻想通过美国外交与英国人周旋，但是美方明确表示拒绝提供任何帮助。没过多久，英军开始炮击，巴伽什命令手下开炮还击，强大的英国军队迅速击溃了桑给巴尔人的抵抗。整场战争仅仅持续了 45 分钟，巴伽什便宣布投降。这场战争成为人类战争史上最短的一场战争，这个记录直到今日也未被打破。

　　这场堪称历史上最短战争的导火索极为荒诞可笑。公元1896年8月的一个酷热的下午，英国海军上将亨利·罗森爵士指挥舰队驶入桑给巴尔港附近水域，意图让官兵上岸观赛并参与板球比赛。舰队水兵们对即将展开的板球淘汰赛充满期待，纷纷打赌并准备登陆。甲板上，军官们身着洁白制服，静待离船信号。岸边，民众翘首以盼舰队入港，一切看似宁静祥和。然而，英国军舰的集结却激怒了桑给巴尔苏丹巴伽什，他当即宣布对英军开战。

一发炮弹影响了凡尔登战役的局势

凡尔登战役作为第一次世界大战中的一场关键战役，因其巨大的破坏性和冗长的持续时间而著称，这场战役的硝烟从 1916 年 2 月一直弥漫到 12 月，长达近十个月的交战，使其成为第一次世界大战中最为残酷和激烈的战役之一。然而这场漫长的战役却被一发炮弹扭转了战局。

战略重地，法德角力

第一次世界大战中，凡尔登对于法军来说至关重要，它位于法国东北部，是法军防线上的一个重要支点。德军为了打破西线的僵局，寻找突破口，便将目标锁定在凡尔登。他们希望通过占领凡尔登，进而威胁巴黎，打破协约国的防线。因此，德军决定对凡尔登展开一场史无前例的大规模进攻。

战争初期，法军并没有察觉到德军的真实意图。他们原本只有两个师的军队在凡尔登驻守，面对德军的猛烈进攻，法军紧急调派增援部队。尽管德军在初期取得了一些进展，但法军凭借着顽强的抵抗和及时的增援，最终守住了阵地。随着战事深入，法德双方开始了长时间的拉锯战。这场拉锯战对双方的兵力都造成了严重的损失。德军由于兵力得不到及时补充，甚至不得不将后勤兵派往前线应战。这些后勤兵在老兵的带领下学习使用武器，直接在战场上接受培训。

后勤兵的一发神奇炮弹

德军为了尽快结束战斗并取得胜利，将大量的炮弹运往前线。他们希望通过密集的炮火攻击来摧毁法军的防御工事和士气。然而，他们的计划却因为一个意外而功亏一篑：在一次战斗中，一名后勤兵被分配到炮兵部队。由于战事紧张，有经验的士兵急于上前线作战，因此老兵在教后勤兵使用炮弹时并没有说清楚。这名后勤兵第一次掌控这种杀伤力强的武器，非常紧张。当开炮的指令下达时，他并没有及时调整好校准器就将炮弹打了出去，这就导致炮弹的落点成了一个未知数。几秒之后，德军阵地突然传来了巨大的爆炸声。这阵巨响持续了将近半个小时。原来，这枚因为失误而不知去向的炮弹正好落在了德军运来的数十万枚炮弹的存放处。这个意外的打击导致德军阵地发生了大规模的爆炸，德军也因此遭受了严重的打击。

此次意外让原本处于劣势的法军迅速扭转了战局。他们利用这个机会发起了反击，逐渐夺回了失地。而德军则因为这次意外的损失而陷入困境。他们原本计划通过密集的炮火攻击来摧毁法军的防御工事和士气，但最终却因为一个后勤兵的失误而功亏一篑。

　　误炸事故在战争中屡见不鲜。在第二次世界大战时，美国中将麦克奈尔在圣洛附近美军前线散兵坑视察时遭遇意外。因天气恶劣，第八航空军的轰炸机群偏离航向，误将炸弹投至其所在的 120 步兵团第 2 营阵地。一枚炸弹直接落入麦克奈尔躲避的散兵坑，爆炸威力巨大，将他炸上了天，仅剩衣领上的三枚将星残片可以辨别其身份。此次误击导致包括麦克奈尔在内的 1000 多名美军士兵牺牲，近 500 人受伤。

第七次反法同盟才彻底打败拿破仑

拿破仑·波拿巴，一个轰动欧洲的政治家和军事家，他率领法军征服了半个欧洲，造就了盛极一时的法兰西第一帝国。欧洲各国贵族们为了维护自身利益组成同盟军来共同抗击拿破仑，但是声势浩大的同盟军组织了七次才将拿破仑彻底击溃。

发动雾月政变，走上政治舞台

法国大革命后，拿破仑·波拿巴凭借卓越的军事才能和政治手腕迅速崛起。公元 1799 年 11 月 9 日，拿破仑以雅各宾派过激主义威胁法兰西第一共和国为借口，发动兵变控制了督政府，接管了革命政府的一切事务，史称"雾月政变"。在此之后，拿破仑开启了为期15年的独裁统治，并在公元 1804 年建立了法兰西第一帝国，对欧洲各国构成了巨大威胁。

拿破仑对抗整个欧洲

作为欧洲的传统强国和法国的主要竞争对手,英国对拿破仑的统治深感不安,决定组织反法同盟以遏制拿破仑的扩张。公元 1793 年,由英国牵头,联合普鲁士、奥地利、意大利等国组成反法同盟。可是由于各国兵力缺乏配合和统一的指挥,以及拿破仑的出色指挥,反法同盟未能取得预期成果。

在接下来的几十年里,英国又先后组织了五次反法同盟,但由于各国各自都心怀鬼胎导致利益冲突,前五次反法同盟均未能击败拿破仑。直到公元 1812 年,拿破仑远征俄罗斯,在俄罗斯坚壁清野的政策下,拿破仑遭受惨败,法军几乎全军覆没。英国抓住时机组织了第六次反法同盟,大败拿破仑,将拿破仑赶下台,流放至厄尔巴岛。

但没过多久拿破仑便在法国军民的簇拥下回到法国巴黎,建立了"百日王朝"。这一行动引起了欧洲各国的震惊和不安。欧洲各君主国决定再次联合起来,组成第七次反法同盟共同对抗拿破仑。

拿破仑兵败滑铁卢

公元 1815 年 6 月 18 日,在比利时小镇滑铁卢,拿破仑率领的法军与威灵顿公爵指挥的英普联军展开了最终决战。尽管拿破仑在初期占据优势,但由于格鲁希未能及时增援,以及法军内部的混乱和疲惫,最终法军被英普联军击败。

滑铁卢战役的失败标志着拿破仑帝国的彻底终结和欧洲贵族们组成的反法同盟的最终胜利。拿破仑被流放到大西洋中的圣赫勒拿岛,并在那里度过了他的余生。

拿破仑是一名出色的军事家，同时也是一位颇有傲气的将领和政治家。公元 1796 年，拿破仑被任命为意大利方面军的总司令。但这是一支纪律涣散的军队，许多高级将军们对"小个子"的拿破仑十分不服。一次训话时，拿破仑走到高他一头、趾高气扬的奥热罗将军面前，严肃地说道："将军先生，你一定看出你比我高出一头，但如果你不听我指挥，我马上就消除我们之间的这个差别。"

公元 1804 年，拿破仑加冕为皇帝，在加冕仪式上，他从教皇庇护七世手上拿过皇冠亲自戴在了自己与妻子约瑟芬的头上。公元 1805 年，拿破仑来到米兰加冕为意大利国王，仪式上他再次为自己戴上王冠，并高声说："上帝赐予我，他人谁敢染指。"

第一次世界大战时停火过圣诞

1914 年 6 月 28 日，奥匈帝国皇储弗朗茨·斐迪南大公在萨拉热窝被塞尔维亚民族主义者加夫里洛·普林西普刺杀，这一事件被称为萨拉热窝事件，它成为第一次世界大战的导火索。

一个月后，奥匈帝国在德国的支持下，以萨拉热窝事件为借口，向塞尔维亚宣战。随后，德国、俄国、法国、英国等欧洲大国相继卷入战争，全球多个国家和地区都被卷入这场浩劫，战火夺走了数百万人的生命。但在这样一个充满仇恨与硝烟的时代，却有着一段令人意想不到的温馨时刻——圣诞停火。

战火为圣诞节让路

随着 1914 年圣诞节临近，交战双方的士兵们开始怀念起远方的家人与和平的生活。尽管战争的残酷现实让他们身陷泥潭，但节日的氛围还是在战壕间悄然弥漫开来。德军士兵在西线比利时伊佩尔地区的战壕里摆上了圣诞树与蜡烛，唱起了圣诞颂歌；而英国士兵则以自己的方式回应，双方开始互相喊着圣诞节的祝福语。

就在这样一个充满温情与和平的夜晚，一件意想不到的事情发生了。据后来解密的历史资料显示，停火最早是由德国"萨克森团"某连士兵默克尔在战斗间歇时吹了一声口哨引起的。这一声口哨意外地引来了对面英国士兵的回应，随后双方开始用英语进行对话。随着对话的深入，气氛逐渐变得热烈起来，双方士兵开始隔着阵地聊天。

不久之后，有几个胆大的士兵从战壕中爬了出来，双方直奔阵地间的"无人地带"。他们先是互祝"圣诞快乐"，然后拉着手发誓在第二天绝不相互开枪。就这样，这条战线上的双方自然而然地停止了交火。这一行为迅速感染了周边其他防线，并逐渐扩散到整个西线战场。众多部队在没有指挥官下令的情况下，默契地停止了射击，整个西线战场得到了罕见的片刻宁静。

敌人之间的圣诞聚会

在停火期间，双方士兵进行了广泛的交流。他们互相交换食物、香烟和酒等小礼物，甚至还交换了纽扣和帽子等纪念品。有些地区还举行了联合礼拜活动，共同庆祝这个特殊的节日。此外，双方士兵还一起唱起了圣诞颂歌和各自国家的歌曲，气氛异常融洽。

双方甚至还举行了一场别开生面的足球赛。据参与者回忆，当时双方士兵自发地从战壕中走出，在阵地间的空地上踢起了足球。尽管场地条件简陋，但双方士兵却玩得不亦乐乎。这场足球赛不仅缓解了战争的紧张气氛，还进一步加深了双方士兵之间的友谊。

当然，也有人对这样的气氛感到不满，阿道夫·希特勒便是其中一员。他嘟囔着说："战争尚未结束，如此混淆敌我界限，实在不妥。"不过，此时的希特勒还只是一名普通下士，没有人重视他说的话。

这种自发的停火行为引起了双方高层的愤怒。英军第二军团指挥官赫拉斯·史密斯－多伦爵士得知此事后，立即下令严禁军内任何人与敌对德军交流，并加强了对士兵的监管。德军方面也采取了相应的措施，以防止此类事件再次发生。

尽管士兵们渴望和平与友谊，但战争的残酷现实却不容他们长时间沉浸在这种氛围中。圣诞节过后，双方很快便恢复了敌对状态，继续投入到残酷的战斗中。

🐎 历史小视界 ▲▲▲

2005 年 11 月 21 日，第一次世界大战"圣诞节停火事件"最后的亲历者阿尔弗雷德·安德森于英国纽泰尔疗养院逝世，享年 109 岁。这位老人曾贡献了许多战争时期的真实史料与访谈记录，包括圣诞停火中的诸多细节。

被坦克击沉的潜艇

坦克和潜艇都是在第一次世界大战及其后被大规模使用的武器。坦克是现代陆上作战的主要武器之一，被称为"陆战之王"。潜艇则隐藏在大洋中攻击敌人军舰或潜艇，或进行侦察和掩护等任务，被誉为"海底幽灵"。常理而言，这两种武器在战场上很难有什么交集，然而在第二次世界大战期间，曾发生过一起罕见的、令人震惊的事件——一艘潜艇被坦克击沉，而且还是被坦克砸沉的。

乐极生悲的"海底之狼"

"奥立弗·伯朗奇"号是英国一艘现代化运输舰，它为英国海军的后勤补给立下了赫赫战功。这艘运输舰多次冲破德国 U 型潜艇在大西洋中的封锁线，为英国运送了大批物资。然而，这也引起了德国海军的高度关注，他们决定不惜一切代价击毁这艘运输舰。

1940 年 5 月 27 日，"奥立弗·伯朗奇"号运输舰在运送物资时，被几艘德国 U 型潜艇发现并锁定为攻击目标。这些潜艇凭借灵活的水下潜航机动，火力全开，对海面上的"奥立弗·伯朗奇"号发动了进攻。由于运输舰携带了数百吨烈性炸药、重型炮弹和数十辆各型坦克等军事物资，它在短时间内就被炸得四分五裂，船体化作无数块碎片，船上所有船员也瞬间毙命。

在"奥立弗·伯朗奇"号爆炸后，一艘德国U型潜艇上浮到海面，准备拍摄战果并庆贺胜利。然而，就在这时，一个意外发生了——运输舰上的一辆30多吨重的谢尔曼坦克在爆炸中被掀飞到了空中，恰好落在了浮出水面的潜艇中间。这辆重型坦克一下子将潜艇劈为两半，硬生生地将德军最优秀的海底杀手——U型潜艇击沉了。

历史小视界

在战争中，潜艇这种脆弱的潜航器发生事故的原因很多。第二次世界大战期间，德军U-1026号潜艇执行任务时，因舰长操作高压厕所不当，导致排泄物与海水涌入舱内。情况危急中潜艇上浮展开抢修，然而上浮的潜艇很快被敌人发现并遭到攻击。这艘潜艇不幸被深水炸弹击中，头部受损严重，最终沉入海底。

冬天曾经两次拯救俄罗斯

俄罗斯横跨欧亚大陆，是世界上国土面积最大的国家。然而俄罗斯大部分地区位于北半球中高纬度地区，冬季漫长而寒冷。尤其是北部的西伯利亚地区，冬季气温极低，极端情况下可达 −60℃甚至更低。但是冬天的极端环境曾在历史上两次拯救俄罗斯于水火。

令拿破仑绝望的寒冬

公元 1812 年，拿破仑率领 60 万大军对俄国发动进攻，企图彻底征服欧洲大陆。拿破仑没有充分考虑到俄罗斯冬天的严寒，他原本计划攻占莫斯科后，以战养战，逼迫俄国人签订投降条约。

然而俄军的顽强超出了拿破仑的预期，俄军总司令米哈伊尔·库图佐夫选择采取坚壁清野的"焦土"战略。他命令俄军撤退时烧毁一切可能被敌军利用的资源，包括粮食、草料和房屋，使拿破仑的大军毫无物资可用。

当拿破仑的军队终于抵达莫斯科时，他们发现这座城市已经变成了一片废墟，城市里火光冲天、烟雾弥漫。更糟糕的是，随着冬季的来临，气温骤降，大雪纷飞，寒风刺骨。拿破仑的军队缺乏足够的御寒衣物和食物，士兵们饥寒交迫，士气也变得低落。在这种极端恶劣的条件下，疾病和冻伤开始在拿破仑大军中肆虐，军队的战斗力急剧下降。

面对这一困境，拿破仑不得不选择撤退。然而，此时的他已经失去了对局势的控制。俄军利用对地形的熟悉和气候条件优势，对撤退中的法军进行了追击和骚扰。法军在冰天雪地中艰难跋涉，伤亡惨重。最终，当拿破仑率领残军回到法国时，他的 60 万大军已经只剩下不足 15 万人，而且这些人大多身心俱疲，战斗力丧失殆尽。

德军兵败莫斯科

20 世纪 30 年代，欧洲政治局势动荡不安，法西斯主义在德国、意大利等国崛起，对世界和平构成威胁。1933 年，希特勒在德国上台后，推行独裁统治，并积极扩军备战。1938 年，德国强行吞并捷克斯洛伐克的苏台德地区，引发了欧洲危机。随后，德国与苏联签署了《苏德互不侵犯条约》，暂时避免了苏德之间的直接冲突。然而，这一条约并未解决苏德之间的根本矛盾。1941 年 6 月 22 日，德国撕毁《苏德互不侵犯条约》，伙同仆从国对苏联发动突袭，苏德战争全面爆发。

1941 年 9 月 6 日，德军对莫斯科发动了代号"台风"的大规模攻势，妄图在十天内攻占莫斯科。德军初期进展迅速，几乎没费什么力气就包围了在维亚兹马和勃良斯克之间的苏联两支部队，俘虏了大量苏军士兵，缴获大量装备。然而，莫斯科在 10 月 6 日就降下了第一场雪，往年提前了一个月。德军对突如其来的降雪和降温没有准备，导致作战计划受阻。由于道路开始变得泥泞、结冰，德军的补给线受到严重影响。卡车和火车的运输能力大幅下降，导致前线部队物资短缺。

由于严寒和补给不足，德军士兵出现了大量冻伤和疾病，许多坦克和车辆燃油冻结、机械故障频发，因无法启动而被废弃在战场上。苏军逐渐加强了抵抗。在斯大林的安排下，朱可夫接管了苏军的指挥工作，并采取了有效的防御和反击措施。经过激烈的战斗，苏军最终成功粉碎了德军的"台风"攻势，并转入反攻。德军在莫斯科城下遭受了重大损失，被迫撤退。

莫斯科保卫战的胜利极大地鼓舞了苏联军民的士气，打破了德军不可战胜的神话，极大地鼓舞了苏联人抗击德军的信心。

历史小视界

加拿大化学家兼文史学者潘妮·拉古德曾经撰写过名叫《拿破仑的纽扣：改变世界历史的17个化学分子》的书，书中提到了公元1812年寒冬对法军造成的伤害的奇特方式——冻坏衣服纽扣。

那时候，拿破仑大军的服装统一缝制锡制纽扣。然而在低温条件下，金属锡发生"锡疫"现象，白色固态锡会变成灰色粉末状锡。莫斯科的低温远远超过了"锡疫"发生的低温条件，法国士兵衣服上的纽扣很多不翼而飞。冰冷的寒风穿透衣服，很多士兵被活活冻死。

一场危机差点导致世界毁灭

在人类历史上，曾有无数场战争危机，其中有一场危机，如果最终酿成战争，其危险程度甚至会远超过第二次世界大战。这场战争危机就是"古巴导弹危机"。古巴导弹危机发生在1962年，是冷战时期美国和苏联之间最为紧张的一次对抗，其危险程度极高，让人类处于接近毁灭的边缘。

起火的"后院"

古巴原为西班牙的殖民地，在公元19世纪末获得形式上的独立后，政治上受到美国的操纵，经济上受到美国的掠夺。1902年，古巴成立共和国，但实际上沦为美国的半殖民地，被称为"美国的后院"。

1953年7月26日，菲德尔·卡斯特罗率领一批革命者攻打蒙卡达兵营，但未能成功，许多革命者因此牺牲，卡斯特罗也被捕入狱。卡斯特罗在狱中发表了《历史将宣判我无罪》的著名演说。1954年，独裁者巴蒂斯塔释放了卡斯特罗等人。卡斯特罗随后前往墨西哥组织革命部队，并于 1956 年率领部下返回古巴。

在马埃斯特腊山区，卡斯特罗建立了革命根据地，开展游击战，革命队伍不断发展壮大。经过数年的艰苦斗争，起义军于 1959 年 1 月取得胜利，推翻了巴蒂斯塔政权，结束了美国对古巴的控制和掠夺。

1961 年 5 月，古巴宣布建立社会主义制度。在卡斯特罗领导的革命政权建立后，美国对古巴采取了严厉的制裁措施，试图颠覆古巴的社会主义政权。

绝境中苏联伸出援手

在古巴面临绝境之际，苏联作为当时社会主义阵营中最强大的国家，向古巴伸出了援手，苏联领导人赫鲁晓夫宣布与古巴建交。苏联为古巴提供了大量的经济援助，包括粮食、石油、机械设备等必需品。这些援助对于缓解古巴的经济压力、维持社会稳定起到了重要作用。

苏联还以优惠价格向古巴提供石油，并高价购买古巴的食用糖，从而在经济上支持古巴。据相关资料显示，从古苏贸易在古巴贸易中占主要地位，贸易份额占 60% 以上。此外，双方还签署了糖类长期贸易协定。

世界毁灭的边缘

当时苏联被美国用轰炸机基地和导弹包围，美国在土耳其、意大利和西德的导弹都对准了苏联。所以在与古巴建交后，赫鲁晓夫极力主张将导弹运往古巴，以此打破美军的封锁，并增强苏联的威慑力。

1962 年，苏联政府批准了赫鲁晓夫的计划。苏联把几十枚核弹和飞机分别拆开装到集装箱里运往古巴。经过伪装的第一批武器在 7 月下旬用商船运抵古巴。

1962 年 8 月，美国发现了苏联设在古巴的导弹发射场。肯尼迪总统在 9 月 4 日对苏联发出警告，但苏联予以否认。10 月 22 日晚，肯尼迪通过电视向全国正式通报苏联在古巴设置中程导弹的"惊人"消息，并宣布对古巴实行名为"隔离"的海上封锁，以阻断苏联到古巴的武器运输线。就这样，两国全面核战争一触即发。

最后，经过多轮谈判和秘密外交接触，赫鲁晓夫在复信中同意从古巴撤出苏联的核弹。作为交换，美军也从土耳其撤出导弹，只不过是秘密进行的。从表面上来看，美国成为这场危机的"胜利者"。

历史小视界

1959 年，美国在意大利和土耳其部署了中程弹道导弹，不仅直接威胁华约各国，更威胁到苏联腹地。苏联为了"报复"美国，在古巴部署导弹。古巴导弹危机虽然仅持续了 13 天，但至今被认为是人类存亡最危险的时刻，它险些酿成史无前例的热核战争。不过正是古巴导弹危机让人看到了核弹的可怕，限制核弹也被提上日程，1963 年的《部分禁止核试验条约》、1968 年的《不扩散核武器条约》和 1972 年的《反弹道导弹条约》都是限制核弹制造和使用的成果。

文明历程

古巴比伦就有了世界第一部成文法典

在历史的长河中，古巴比伦位列"四大文明古国"，古巴比伦文明最为人熟知的除了空中花园，便是《汉谟拉比法典》。这部法典不仅是古巴比伦文明的瑰宝，更是世界法制史上的里程碑，被誉为世界上现存的第一部较为完整的成文法典。正是它的存在，让人意识到，人类的"法制史"竟然可以追溯到如此久远。

法典为统治国家而生

公元前 18 世纪，古巴比伦王国在国王汉谟拉比的领导下达到了鼎盛时期。汉谟拉比以其卓越的军事才能和政治智慧，成功统一了两河流域，建立起中央集权的奴隶制国家。为了巩固统治，维护奴隶主阶级的利益，汉谟拉比制定并颁布了《汉谟拉比法典》。

《汉谟拉比法典》的原文被刻在一段高 2.25 米、底部周长 1.90 米的黑色玄武岩石柱上，因此也被称为"石柱法"。石柱上端雕刻着汉谟拉比王站在太阳和正义之神沙玛什面前接受象征王权的权标的浮雕，这一设计寓意着君权神授，体现了古代君主对神权的依赖。

　　法典的内容极为丰富和广泛，涵盖了社会生活的各个方面，如财产、婚姻、家庭、继承、债务、奴隶、损害赔偿、刑罚等。它明确规定了各阶级的法律地位和权利义务，特别是强调了奴隶主对奴隶的绝对控制权和对犯罪的严厉惩罚。这些内容不仅反映了古巴比伦社会的阶级矛盾和斗争，也揭示了当时法律制度的本质和特征。

　　刻着《汉谟拉比法典》的黑色玄武岩石柱现在保存在巴黎卢浮宫博物馆亚洲展览馆中，成为研究古代法制史和古巴比伦文明的重要资料。它的出现标志着人类法律文明进入了一个新的阶段，为后世法律制度的发展和完善提供了宝贵的经验。

历史小视界

　　汉谟拉比在公元前 1792 年继位称为巴比伦王，他在位期间，巴比伦的统治区域扩展至整个美索不达米亚地区，王国达到全盛。《汉谟拉比法典》被湮没很长时间。1901 年 12 月，由法国人和伊朗人组成的考古队在伊朗西南部苏撒古城遗址中发现了它，才使得这部法典重见天日。

　　其实在公元前 22 世纪的古巴比伦乌尔第三王朝时期，也有一部《乌尔纳姆法典》，这部法典包括序言和正文 29 条（传下来的只有 23 条）两大部分，但完备程度远远不及《汉谟拉比法典》。所以更准确地说，《乌尔纳姆法典》是世界上第一部成文法典，而《汉谟拉比法典》世界上第一部比较完备的成文法典，但世界上第一部成文法典出自古巴比伦则是无疑的。

埃及法老居然是"猫奴"

在古埃及，法老是至高无上的统治者，被尊为神明的化身，掌握着生杀予夺的大权。然而，在这些威严的统治者背后，却隐藏着另一个鲜为人知的形象——"猫奴"。这个看似矛盾的身份，在古埃及文化中却有着深厚的根源和独特的象征意义。

古埃及人对猫的崇拜源远流长，几乎可以追溯到古埃及文明伊始。在尼罗河畔的肥沃土地上，农业成为古埃及的支柱产业，而粮食的储存则是国家稳定的关键。猫这种优雅而敏捷的动物，因其捕猎老鼠的本能，保卫着国家的粮食，后来更被视为守护家园和灵魂的使者，成为古埃及人心目中的守护神。因此，猫在古埃及社会中享有极高的地位，它们被视为神圣的动物，受到人们的尊敬和爱护。

动物界无忧无虑的"贵族"

在这样的文化背景下，法老们作为古埃及的统治者，自然也对猫产生了浓厚的兴趣。他们不仅在宫殿中饲养大量的猫，还为这些猫提供了优越的生活条件。法老们的宫殿中，往往设有专门的猫舍，里面住着各种各样的猫，它们或慵懒地躺在阳光下，或嬉戏于花丛之中。这些猫在法老的庇护下，享受着无忧无虑的生活，是真正的"动物贵族"。

法老们对猫的喜爱不仅停留在饲养层面，他们还将猫的形象融入自己的生活中，甚至将猫作为权力的象征。在古埃及的壁画和雕塑中，我们经常可以看到法老们与猫亲密互动的场景。这些画面不仅展现了法老们对猫的喜爱，也反映了猫在古埃及文化中的重要地位。这些猫被描绘得栩栩如生，它们或依偎在法老的脚边，或跃上法老的肩头，仿佛在向世人展示着它们与法老之间的亲密关系。

在古埃及，伤害猫是一种严重的罪行，甚至可能被处以死刑。这种严厉的惩罚措施，进一步加深了古埃及人对猫的敬畏和崇拜。如果有人胆敢伤害一只猫，那么他不仅会受到法律的制裁，还会成为千夫所指的恶人。这种对猫的深厚情感，使得古埃及的猫文化达到了一个前所未有的高度。

巴斯特女神的化身

那么，为什么法老们会对猫产生如此深厚的情感呢？这背后其实有着复杂的文化和宗教原因。在古埃及宗教中，猫被认为是巴斯特女神的化身。巴斯特女神是古埃及的守护神之一，她以猫的形象出现，保护着人们的家园和灵魂。在古埃及神话中，巴斯特女神是太阳神"拉"的女儿，她拥有强大的神力以及抵御邪恶的力量，保护人们免受伤害。因此，猫作为巴斯特女神的化身，自然也受到了人们的尊敬和崇拜。

法老们作为古埃及的统治者，希望得到巴斯特女神庇佑。他们相信，通过与猫建立亲密的关系，可以获得巴斯特女神的青睐和庇护，从而巩固自己的统治地位。因此，法老们不仅在宫殿中饲养大量的猫，还将猫当作自己的宠物和伙伴，与它们共度时光。

此外，猫在古埃及文化中还有着独特的象征意义。它们代表着神秘、敏捷和独立。这些特质与法老们的形象颇为吻合。法老们需要展现出神秘莫测的气质，让人们敬畏他们的权力；他们需要具备敏捷的思维和果断的决策能力，以应对各种复杂的问题；他们需要保持独立的个性，不受外界的影响和干扰。因此，猫也成为法老们的精神象征。

历史小视界

古埃及人对猫的崇敬在其死后依然不减，他们通过制作木乃伊的方式来表达对猫的敬意，认为这能让猫的灵魂得以轮回。公元1888年夏季，埃及贝尼哈桑地区的一位农民在自己田地中意外发现了数量惊人的猫木乃伊，总计达30万只，而这仅是古埃及众多猫墓地中的一处。2018年，埃及开罗南部塞加拉古墓群发现了古埃及第五王朝时期的几座墓葬，其中有三座专门用来安葬猫。

古希腊人通过陶片投票确定罪罚

在古希腊时期，城邦作为国家的基本政治单位，运行着各自的政治体制。其中，雅典的民主政治制度以其独特性和先进性在当时世界上享有盛誉。然而，随着城邦的不断发展，一些政治家或领袖的权力逐渐膨胀，他们的行为有时可能会对民主政治的稳定构成威胁。为了维护城邦的民主秩序和公共利益，雅典政治家克里斯提尼创立了陶片放逐法。

古希腊深厚的文明底蕴广为人知，苏格拉底、柏拉图、亚里士多德等哲学家的思想至今仍为人称颂。拥有如此先进文明的古希腊，为什么会采用"陶片投票"这样看似原始落后的定罪方式呢？其实，"陶片投票"反而是雅典文明的一大代表，因为它实质上是一种独特的民主监督方式。

"陶片投票"的重点不是"陶片"而是"投票"

每年春季，古希腊雅典城邦会召开一次特别的公民大会，讨论是否需要进行陶片放逐投票。如果大会表决通过该提案，那么就会在翌年的

2月或3月间实施放逐投票，以民主投票的形式将那些可能对城邦构成威胁的人放逐出境。

投票的地点设在雅典的市政广场，这是雅典公民进行政治活动的重要场所。投票的方式颇具特色：公民将赞成或者反对的意见刻在陶器碎片上（一片等于一票），然后将这些陶片投入本城的投票箱。这种投票方式既体现了民主性，又具有一定的匿名性，使得公民能够更自由地表达自己的意愿。

在投票过程中，公民需要遵守具体的规定。例如，公民大会必须达到法定人数才能有效（最著名的就是"六百人大会"）。这一规定确保了投票的广泛性和代表性，避免了因参与人数过少而导致的投票结果失真；如果赞成放逐的票数超过反对放逐的人数，那么他将被放逐出境，为期约 10 年。这一规定使得那些被认为对城邦构成威胁的人无法继续留在雅典，维护了城邦的社会秩序和公共利益。

苏格拉底之死

然而，陶片放逐法也存在一些局限性。随着时间的推移，该制度逐渐被滥用和操纵，成为政客们打击政敌的工具。古希腊哲学家苏格拉底便因为批评雅典的民主政治和当时的政治家而遭到报复。

公元前 399 年，苏格拉底被指控犯有"不信城邦的神"和"败坏青年"两项罪名。苏格拉底在法庭上进行了自我辩护，他慷慨陈词，据理力争，不畏强权。然而，尽管他雄辩滔滔，将指控方驳得哑口无言，但大多数参加表决的公民仍不能容忍他的强硬态度。第一轮投票以 281:220 的票数判定苏格拉底有罪，即多数票比少数票多出约 60 张。第二轮投票涉及对苏格拉底处以何种刑罚。在苏格拉底和控诉方各自提出对刑罚的意见后，以压倒性的多数票确认了对苏格拉底的死刑判决。

在死刑判决后，苏格拉底的朋友克里托建议他越狱以免一死，并愿意提供帮助。然而，苏格拉底拒绝了这个建议。苏格拉底认为，既然生活在城邦之中，就必须服从城邦的法律。无条件地服从法律是他的哲学信念，即便判决有失公正，他也必须尊重判决，服从法律的绝对权威。最终，苏格拉底平静地饮下了毒堇汁，结束了自己的生命。

历史小视界

尽管雅典法律制度允许所有公民参与陶片放逐，但实际上，并非所有雅典人都有公民身份。古代希腊雅典公民特指那些祖籍雅典、拥有一定财产、能自备武装服兵役的成年男子。在全盛时期，雅典约有30万公民，而外邦人和奴隶则占据总人口的一半。值得注意的是，成年外邦男性并不具备公民身份，同样，缺乏财产或无法自备武装服兵役的雅典本地成年男性也不被视为公民。

科学家阿基米德竟成为城邦守护者

阿基米德是古希腊的杰出科学家、数学家和工程师，他在学术领域有着卓越的贡献，享有"力学之父"的美称。正是这样一位伟大的科学家，在叙拉古面临外敌入侵时，以其智慧和发明创造成为城市的保卫者，被称为"叙拉古的传奇守护者"。

科学家阿基米德造武器也不在话下

阿基米德出生于公元前 287 年的叙拉古。在数学上，他提出了圆周率的近似值，提出求几何图形重心的方法；在物理学上，他研究了浮力原理和杠杆原理，并发明了多种机械装置；在天文学上，他也有着自己的独到见解，提出了"地球—月球—太阳"的运行模型。

公元前 218 年，罗马帝国凭借强大的军事力量对希腊叙拉古发动了进攻。此时的阿基米德已是近 70 岁的老人，但是他有着强烈的爱国情怀，毅然决然地走上了保卫祖国的道路。他利用自己的发明，为叙拉古的防御战做出巨大贡献。

阿基米德利用杠杆原理设计并制造了多种武器，如投石机和起重机。这些武器能够在远距离上对敌军造成重创，有效地抵御罗马军队的进攻。他还利用反射镜的原理，制造了能够反射阳光并集中热量的装置。他将这些装置对准罗马的舰队，利用阳光聚焦产生的高温点燃了敌舰的帆布，给罗马军队造成巨大的损失。

阿基米德不仅亲自参与武器的设计和制造，还亲自指导叙拉古的防御工作。他利用自己的工程学知识，对城市的防御工事进行了改进和加固，使得罗马军队难以攻破防线。

阿基米德的智慧和勇气为叙拉古的保卫战赢得了宝贵的时间，带来了胜利的希望。虽然最终叙拉古还是未能逃脱被罗马征服的命运，但阿基米德的传奇故事依旧流传了下来。他被誉为"叙拉古的传奇守护者"，他保卫城邦的事迹也成为后世人们传颂的佳话。

历史小视界

叙拉古靠阿基米德一人终是无法对抗强大的罗马帝国的。公元前212年，罗马军队还是攻陷了叙拉古，阿基米德也被罗马士兵杀死。据传，罗马士兵找到阿基米德时，他正在沙地上画着一个几何图形，面对凶神恶煞的罗马士兵，阿基米德只是说："别把我的圆弄坏了！"罗马士兵听后勃然大怒，刺死了这位杰出的科学家。

虽然阿基米德如何被杀是个谜，但是他还是赢得了对手的尊重。罗马将军马塞拉斯为阿基米德举行了隆重的葬礼。

征服者亚历山大的"图书馆梦"

在古希腊的辉煌时代，一个名叫亚历山大的年轻人，怀揣着对知识的渴望和对世界的好奇，踏上了求学之路。他的导师便是被誉为"古希腊哲学之父"的亚里士多德。在学习过程中，亚历山大被老师的博学所折服，他将老师视为知己，甚至在建立自己的帝国后为这位恩师修建了一座当时世界上最大的图书馆。

亚历山大的导师亚里士多德

亚历山大出生于马其顿王国的首都佩拉，自幼便展现出非凡的才智和雄心壮志。他的父亲是马其顿国王腓力二世，是一位英明的君主。他看到了儿子身上的潜力和光芒，决定为他寻找一位最好的老师。经过精挑细选，腓力二世将亚历山大送到了雅典，让他跟随亚里士多德学习。

亚里士多德是当时伟大的哲学家、科学家和教育家之一。他广博的学识和深邃的思想，使亚历山大深深折服。在亚里士多德的指导下，亚历山大开始系统地学习哲学、政治学、军事学、自然科学等多个领域的知识。他如饥似渴地吸收着这些宝贵的知识，不断充实自己的内心世界。

亚里士多德对亚历山大的影响是深远的。他不仅传授给亚历山大丰富的知识，还教会了亚历山大如何思考和决策。亚里士多德强调理性思考和逻辑推理的重要性，他鼓励亚历山大用智慧去认识世界、解决问题。这些教诲深深地烙印在亚历山大的心中，成为他日后征服世界的强大精神武器。

在学习的过程中，亚历山大与亚里士多德之间建立了深厚的师生情谊。亚里士多德不仅是他的老师，更是他的精神引路人。他们经常一起探讨哲学问题、交流思想观点、分享人生感悟。这些经历让亚历山大更加敬佩和感激亚里士多德，也让他更加坚定了自己的信念和追求。

然而，好景不长，亚历山大的父亲腓力二世突然去世，马其顿王国陷入了混乱之中。亚历山大被紧急召回国内，他面临着继承王位、稳定国家的重任。在这个关键时刻，他深深地感受到亚里士多德对他的期望和信任。他明白，自己不仅要成为一个伟大的君主，更要成为一个有智慧、有远见、有担当的领袖。

四处征战不忘"图书馆梦"

亚历山大继承了王位后，开始了自己的征服之旅。他率领着强大的马其顿军团，横跨欧亚非，征服了一个又一个国家。他的军事才能和征服世界的雄心壮志，让人们赞叹不已。然而，在征服世界的过程中，亚历山大始终没有忘记亚里士多德的教诲。他坚持理性思考，用智慧去认识世界、解决问题。他的征服之路虽然充满了艰辛和危险，但他始终保持着清醒的头脑和坚定的信念。

在征服世界的过程中，亚历山大始终没有忘记为亚里士多德修建一座图书馆的愿望。他深知，知识和智慧是推动人类进步的重要力量。因此，他投入了大量的财力、物力和人力，在雅典的吕克昂学院建立了一座宏伟的图书馆。这座图书馆收藏了丰富的书籍和手稿，成为当时学术界的重要研究中心之一。世界各地的学者纷纷前来学习和交流，推动了学术和文化的发展。

在吕克昂学院图书馆中，亚里士多德及其弟子们进行了大量的学术研究和讨论。他们在这里交流思想、探讨问题、传承知识，为西方哲学和科学的发展做出重要贡献。

历史小视界

继亚里士多德之后，泰奥弗拉斯多（公元前370年—公元前300年）担任吕克昂学院的管理人，他不仅延续教学活动，还推进亚里士多德生前所倡导的博物学与哲学史的合作研究。尽管他的大部分著作已经遗失，但现存的两部植物学著作和一篇矿物学论文，充分证明他成功地践行了亚里士多德的研究计划，并达到了相当高的学术水平。

阿拉伯数字其实是印度人发明的

阿拉伯数字在现代社会几乎无处不在，成为最常用的数字符号体系。但是这种数字符号体系并非源自阿拉伯地区，而是源自古老的印度次大陆。虽然阿拉伯数字并不是起源于阿拉伯，但是随着世界各地文明的交流与碰撞，它们跨越了地域的界限，经由阿拉伯学者的传播与改良，最终成为全球通用的数字表示方式，因此也被赋予了"阿拉伯数字"这个广为人知的名字。

"0"的伟大发现

当时，印度次大陆西北部的旁遮普地区，数学研究正处于全球领先地位。古印度的数学家们不满足于传统的计数方式，他们开始寻求更简便、更准确的数字表示方法。在这个过程中，他们进行了一系列重要的创新，其中最为突出的贡献就是引入"零"的概念。公元628年，一位名叫婆罗摩笈多的古印度数学家，首次提出了零的符号，即我们今天所熟知的"0"。这个简单的符号，在当时的数学界引起了巨大的反响。它解决了许多以前无法解决的数学问题，尤其是计位问题，使得数学运算更加准确、简便。伴随着"0"的出现，古印度人的计数体系很快完善起来。

数字使者兼改良者

古印度人发明的数字的真正传播和普及，确实与阿拉伯帝国有着密切的关系。公元 700 年左右，随着阿拉伯帝国的扩张，古印度数字传入了阿拉伯地区。阿拉伯人很快发现了这种数字系统的优越性，它简单易懂、便于计算，能够满足商业和贸易的需要。于是，阿拉伯人开始学习和使用这种数字系统，并在其基础上进行了改良。在阿拉伯人的努力下，古印度数字逐渐演变成了我们今天所熟悉的阿拉伯数字。

阿拉伯人不仅保留了原有的数字符号，还引入了小数点、百分号等新的数学符号，使得数字系统更加完善。此外，阿拉伯人还将这种数字系统广泛应用于商业、贸易、天文、历法等领域中，推动了这些领域的发展。

从公元 12 世纪开始，阿拉伯数字开始传入欧洲。当时，欧洲的数学家们正面临着罗马数字系统的种种不便，比如计算复杂、书写烦琐等。而阿拉伯数字的引入，正好解决了这些问题。它的简便性和准确性很快就得到欧洲人的认可，特别是在商业和学术领域很快普及开来。到了公元 15 世纪，阿拉伯数字已经基本替代了欧洲传统的罗马数字系统。它不仅在商业和贸易中得到广泛应用，还成为数学、物理、化学等学科的基础工具。可以说，没有阿拉伯数字的引入和普及，现代科学的发展将会受到极大的影响。

公元 13 世纪至公元 14 世纪期间，阿拉伯数字经由阿拉伯人引入中国，然而，很快又淡出了人们的视线。到了明末清初时期，中国学者掀起了翻译西方数学著作的热潮，例如李之藻与利玛窦合作翻译的《同文算指》（首次出版于公元 1613 年），值得注意的是，该著作中的阿拉伯数字均被转译成汉字数字形式。

佛教创始人居然是王子

在历史的长河中，无数宗教和哲学体系如星辰般璀璨，而作为世界三大宗教之一的佛教就是其中一颗耀眼的明星。当我们追溯佛教起源时，会发现一个令很多人意想不到的事实——佛教的创始人，那位被后世尊称为佛陀的苦行智者乔达摩·悉达多，竟然出身于一个显赫的王族家庭。

悉达多本是迦毗罗卫国的王子。这一身份，似乎与他后来所倡导的简朴、苦修等教义形成了鲜明对比，让人不禁好奇，是怎样的经历与感悟，让这位王子放弃了世间的荣华富贵，走上了寻求解脱与智慧的修行之路？

王子为修行抛弃了豪华生活

大约在公元前 565 年，悉达多诞生于古印度北部的迦毗罗卫国。他是净饭王的太子，自幼享受着王族生活的奢华和安逸。然而，与众多王族子弟不同，悉达多内心深处充满了对人世无常的思索和感悟。虽然他接受过婆罗门教育，学习过各种婆罗门经典和教义，但始终觉得这些教义无法解答他心中的疑惑。

随着年岁的增长，悉达多越来越无法忍受人世间的生老病死、爱恨情仇所带来的痛苦和烦恼。他深感这些苦难是如此的普遍和深刻，以至于他无法再安心地享受王族生活的安逸。于是，他毅然舍弃了王族生活，出家修行，开始了寻找解脱之路的漫长旅程。

悉达多的修行之路

悉达多的修行之路并非一帆风顺。他先是跟随"数论"先驱阿罗逻迦蓝和乌陀迦摩罗子学习禅定，试图通过冥想和静坐来体悟真理。然而，他发现这些修行方法虽然能让他暂时忘却烦恼，但并不能真正达到解脱的境界。于是，他开始在尼连禅河附近的树林中单独苦修，在锻炼身心的同时以求获得更深层次的体悟。

在苦行的六年中，悉达多经历了无数的艰辛和磨难。他忍受着饥饿、寒冷、疲劳和孤独，但始终坚守着内心的信念和追求。然而，当他意识到苦行并不能带来真正的解脱时，他毅然放弃了这种修行方式，转而到伽耶（菩提伽耶）的毕钵罗树下静坐冥思。

菩提树下的觉悟

在毕钵罗树下，悉达多开始了长达四十九天的苦思冥想。他回顾了自己的一生，思考了人生的意义和价值，探寻了苦难的根源和解脱的道路。在这四十九天中，他经历了无数的思考和挣扎，最终于第七天黎明时分大彻大悟，体悟到了宇宙的真理和人生的真谛。

大彻大悟后的悉达多，被人们尊称为佛陀（意为觉者），又被尊称为释迦牟尼，毕钵罗树也被称为菩提树（"菩提"梵语意为"觉悟"）。他首先向侍从阿若憍陈如等五人传法，传授了自己所体悟到的真理和教义。这五人成为佛陀最早的弟子，形成佛教僧团的雏形。阿若憍陈如成为第一位证得罗汉果的阿罗汉，排在"五百罗汉"之首。随后，释迦牟尼带着众弟子开始在印度北部、中部恒河流域进行传教活动，向更多人传授自己的教义和思想。

在传教的过程中，释迦牟尼不仅向人们传授了佛教的基本教义，还通过自身的示范和教导来引领人们走上解脱之路。他强调众生皆具佛性，通过修行和体悟能够达到涅槃的境界。

历史小视界

记述释迦牟尼生平事迹的汉译佛教典籍颇为丰富，其中包括《修行本起经》《瑞应本起经》《中本起经》《佛本行经》《佛说普曜经》等。此外，在律藏部分，如《五分律·受戒犍度》与《四分律·受戒犍度》也有所涉及。另有专门谱系类著作，如《释迦谱》与《释迦氏谱》，详细记载了释迦牟尼的事迹。在南传佛教中，巴利文经典《小部》同样记录了释迦牟尼修行的事迹。

拜占庭帝国也有机会用乌尔班火炮

　　历史上赫赫有名的拜占庭帝国曾辉煌一时，但在公元15世纪初就已经步入了衰落期。领土的缩小、内乱的频发以及外部势力的不断侵扰，使得拜占庭帝国逐渐失去往日的荣光。而此时的奥斯曼帝国在苏丹穆罕默德二世的领导下迅速崛起，成为拜占庭帝国最大的威胁。奥斯曼帝国通过不断的征战和扩张，逐渐控制了中东、北非以及巴尔干半岛的大部分地区。而君士坦丁堡，这座拜占庭帝国的核心城市，自然成了奥斯曼帝国的重要目标。

　　在奥斯曼帝国进攻君士坦丁堡时，著名的"乌尔班火炮"是当时唯一能攻破君士坦丁堡坚固城墙的武器。然而，拜占庭帝国本可以用"乌尔班火炮"攻击奥斯曼帝国大军，却因为付不起制炮大师乌尔班的工资，将这种大杀器拱手让给了敌人。

工资决定乌尔班大炮的朝向

　　公元1452年，巴尔干地区战火密布，匈牙利籍火炮设计师乌尔班带着全欧洲最高明的铸炮技术来到了君士坦丁堡。他原本希望通过为拜占庭帝国皇帝君士坦丁十一世效力，谋求一片锦绣前程。然而，此时的拜占庭帝国正处于最黑暗的时期，疆土支离破碎，帝国统治势力已经衰落至不出君士坦丁堡市郊范围，且被奥斯曼帝国所围困。拜占庭帝国财政的枯竭使得皇帝无法负担极其昂贵的青铜炮，甚至连乌尔班微薄的津贴都不能按时发放。

在资金不足的限制下，乌尔班的才华未能得到应有的回报。随着工程进度的推进，他及其团队所需的资金却迟迟未能到位，这不仅影响了守城器械的进一步改良与完善，也悄然侵蚀了乌尔班及其团队对项目的热情与忠诚。

在金钱的匮乏与帝国承诺无法兑现的情况下，乌尔班决定前往奥斯曼帝国首都阿德里安堡，投奔当时野心勃勃、渴望建功立业的苏丹穆罕默德二世。穆罕默德二世对乌尔班的技术非常感兴趣，他渴望拥有一门足以击破君士坦丁堡城墙的重炮。乌尔班向苏丹承诺，他可以制造这样一门大炮，并且有信心击碎君士坦丁堡的城墙。

在获得苏丹的授权后，乌尔班开始着手制造他的巨炮。公元1452年的整个秋天，他都在阿德里安堡督造这门史无前例的武器。乌尔班火炮口径惊人，足以容纳一位成人。其炮弹重达1500磅（约680公斤），是当时威力最大的火器。

威力巨大的巨炮毁于炸膛

公元1452年1月，苏丹在皇宫外举行了乌尔班火炮的第一次试射。大炮装填顺利，随着一声地动山摇的轰鸣，炮弹展示了其巨大的威力。

苏丹对大炮非常满意，并决定将它运往君士坦丁堡。然而，如何将这门巨炮顺利运往目的地成为新的挑战。最终，苏丹动用400名士兵和60头牛，还有一队工兵负责架桥开路，经过一个多月的艰难运输，巨炮终于抵达君士坦丁堡。

在君士坦丁堡的攻城战中，乌尔班火炮发挥了巨大的作用。它不仅直接击穿了君士坦丁堡厚重的城墙，还极大地震撼了城内的守军和平民。部分炮弹甚至穿越城墙，深入城区造成巨大的破坏。然而，乌尔班火炮也有缺点，如命中率差、装弹时间长（每次上弹需要3个小时）。此外，由于铸造技术的原因，大炮还容易出现炸膛事故。

在攻城战的第八天，乌尔班火炮在一次开火中发生爆炸，导致在一旁指导的乌尔班当场殒命，附近的炮兵也遭到了重大伤亡。尽管如此，奥斯曼军队也并未放弃使用火炮攻城。他们继续利用其他火炮和投石机对君士坦丁堡进行轰击，最终在公元1453年5月29日凌晨攻破了这座历史名城。

历史小视界

乌尔班火炮展现出无与伦比的强大威力，但对君士坦丁堡城防设施造成持续破坏更多还要归功于口径稍小的火炮。围城初期，匈牙利代表团访问苏丹，其中一位成员在观摩奥斯曼炮兵操作后，提出了策略性建议：避免持续轰击城墙同一位置。他主张首弹击中后，将瞄准点横向移动一些，打出第二个突破口，随后在这两点间发射第三炮，形成三角形布局，从而最大化加强对城墙的破坏效果。

时空交错

"法西斯"起源于古罗马

20世纪20年代，以意大利、日本、德国为中心的法西斯分子登上政治舞台，法西斯主义的阴云笼罩全世界，最终三国法西斯分子成立了"轴心国"集团，挑起了第二次世界大战，给全世界带来了沉重灾难。法西斯主义集独裁主义、极端民族主义、军国主义等思想于一体，是一种非常极端的思想，法西斯分子更是为全世界正义者所唾弃。

不过法西斯并不是现代世界的产物，早在古罗马帝国时期，就有了这个词汇。法西斯是"束棒"（拉丁语：fasces）的音译，束棒在古罗马是权力和威信的标志。法西斯分子正是借用了其中"权力""威信"等含义，又赋予其新的政治含义，使其成为法西斯主义暴力和极权统治的思想根源。

古今不一样的"法西斯"

束棒造型是一把斧头绑在多根围绕在它周围的木棍上。在古罗马，束棒不仅是独裁官权力的标志，也代表了罗马国家的权威和尊严，更象征着团结和力量。尽管"法西斯"与古罗马时期的独裁官制度和束棒标志有着文化上的联系，但两者在本质上是截然不同的。

古罗马的独裁官制度，是一种在特定历史条件下为了应对国家危机而设立的临时性制度。独裁官在战争或紧急情况下被赋予极大的权力，以便能够迅速做出决策并采取行动，保护国家的安全。然而，这种权力并非没有限制，它受到元老院和保民官的制衡，以确保独裁官权力的合法性和正当性。

法西斯主义则是一种20世纪兴起的极权思想，它强调国家权力高于一切、本民族利益高于一切等思想，通过强制手段来维护社会秩序、打压异见者，并且进行对外扩张。

因此，尽管法西斯主义在名称上与古罗马的独裁官制度和束棒标志有所联系，但我们必须明确区分两者之间的本质区别。法西斯主义是一种极端的政治运动，给人类社会带来了深重的灾难。而古罗马的独裁官制度则是在特定历史条件下为了维护国家安全和稳定而设立的临时性政治制度，独裁官的权力受到严格的制衡和限制。

历史小视界

法西斯主义在20世纪20年代的意大利崛起，代表人物就是墨索里尼。1921年，墨索里尼建立了意大利国家法西斯党。在1922年的意大利国会选举中，法西斯党在535席里只取得105个议席。对此不满的墨索里尼号召支持者"进军罗马"，最终成功夺取了意大利政权，他本人也被当时的意大利国王伊曼纽尔三世任命为首相。此后，德国法西斯、日本法西斯也先后掌握各自国家的政权。

玛雅文明时期居然就有天文台

玛雅文明是美洲古代印第安人文明的杰出代表，与印加文明及阿兹特克文明并列为美洲三大文明。大约在公元前 1000 年，玛雅人就开始发展自己的文化。

虽然玛雅文明处于新石器时代，但是在天文学、数学、农业和艺术等方面都有远超新石器文明的极高成就，甚至为了农业生产和制定历法等活动，玛雅人建造了天文台来观测天象。

玛雅人高超的天文水平

玛雅文明的天文台作为玛雅人观测天象、制定历法的重要场所，是其文明智慧和技术的结晶。玛雅天文台通常是一组建筑群，包括金字塔、庙宇和其他石制结构建筑。这些建筑巧妙地布局在特定的位置，使得从金字塔上的观测点可以观察到特定天文现象的发生。

例如，从一座金字塔上的观测点往东方的庙宇望去，就是春分、秋分时日出的方向；往东南方庙宇望去，则是冬至时日出的方向。这样的布局不仅体现了玛雅人对天文现象的精准掌握，也显示了他们高超的建筑技艺和规划能力。

玛雅人通过天文台对太阳、月亮和星星的位置进行精确观测，并记录下它们的变化规律。他们将这些天文数据用于制定复杂的历法体系，包括以二十六日为周期的卓金历、以六个月为周期的太阴历、以二十九日及三十日为周期的太阴月历和以三百六十五日为周期的太阳历等。

这些历法不仅误差极小，而且能够适用到遥远的未来，充分展示了玛雅人在天文学和数学方面的深厚造诣。

玛雅人生活中天文无处不在

玛雅人的天文观测不仅具有科学价值，还对他们的社会生活产生了深远影响。他们根据天文现象来安排农事活动、举行宗教仪式和规划城市建设等。此外，玛雅人还将天文观测与占星术相结合，通过观测天文现象来预测国家命运和个人运势等。这种将天文学与宗教、政治和社会生活紧密结合的文化传统在玛雅文明中得到了充分的体现。

随着考古学的不断发展，越来越多的玛雅天文台遗址被发掘出来。这些遗址不仅是玛雅文明天文观测的直接证据，还为我们了解这个古老文明的社会结构、宗教信仰和文化传统提供了宝贵的线索。

在位于墨西哥尤卡坦半岛上的奇琴伊察玛雅古城中，就发现了一处古天文台遗址。这座天文台由金字塔、庙宇和其他石结构建筑组成，展示了玛雅人在天文学方面的卓越成就。

公元 1526 年，一队来自西班牙的探险者踏上了前往尤卡坦半岛的道路，其目的在于通过武力手段在该地区建立殖民统治。面对这样的外来侵略者，玛雅人民并未轻易屈服，他们选择游击战术，以落后的武器对抗手握火器的侵略者。玛雅人的抵抗持续了一个多世纪，直到公元 1697 年，西班牙军队凭借炮火攻陷最后一个玛雅城邦，这场漫长的抗争才逐渐落下帷幕。

医院骑士团是个"准国家"

医院骑士团始建于公元 1048 年，最初以耶路撒冷圣约翰医院骑士团之名在中世纪的天主教世界崭露头角，其初衷是为病弱的朝圣者提供医疗与护送服务。然而，随着时间的推移，这个组织逐渐涉足军事领域，并在公元 12 世纪中期发展成为拥有自己的要塞、军队和地产的独立力量。医院骑士团和圣殿骑士团、条顿骑士团并称，在十字军中占据重要地位。

随着历史的洪流，骑士团这样的组织早已淹没在时间长河中，但是医院骑士团至今依然存在，甚至是联合国观察员实体。同时，医院骑士团也是国际法承认的主权实体，拥有制定宪法和发行护照、邮票、货币等权力。因此具有"准国家"性质。

医院骑士团真的"很能打"

医院骑士团建立伊始的规模并不庞大，甚至颇像是散兵游勇——有位姓杰拉德的勃艮第公国贵族聚集起一些幕僚、家眷和志同道合的人，在耶路撒冷的一家医院里救治伤兵和病患。骑士团的善举赢得了人们的赞誉，这些赞赏的声音当然也传到了当时的修道会的耳朵里。

鉴于医院骑士团为医院修道会的声誉做出很大贡献，公元 1110 年，修道会准许骑士团分得耶路撒冷的部分土地，以发展自身势力；公元 1113 年，罗马教廷承认了医院骑士团独立修会的地位，并赏赐其不需要缴纳"什一税"、不需要受国王命令制约、直接听命于教皇等一系列经济、政治方面的特权。

待到公元 1120 年时，医院骑士团已经可以靠着自己的武装护送朝圣者。至此，他们成为耶路撒冷王国一支举足轻重的武装力量，其兵力甚至能够影响到封建王国的政局。但比起其他同类型组织，发迹后的医院骑士团依旧更倾向于救治病患伤者。耶路撒冷国王鲍德温三世称赞他们"医术精湛、装备精良、信仰虔诚"。

马耳他骑士团国的诞生

巴勒斯坦的基督教势力在阿拉伯人的征伐下逐渐衰落，耶路撒冷王国最后的堡垒阿卡沦陷后，医院骑士团于公元 1291 年撤离巴勒斯坦，辗转至塞浦路斯，继而于公元 1309 年迁往罗得岛，成为抵御阿拉伯东扩的重要力量。

时至公元 15 世纪中叶，随着君士坦丁堡的沦陷，罗得岛上的骑士团成为东地中海的孤军，多次击退奥斯曼帝国的进攻，直至公元 1522 年，面对苏莱曼一世的庞大舰队，骑士团虽英勇抵抗六个月，终因实力悬殊而被迫撤离，向欧洲战略转进。

在欧洲漂泊数年后，骑士团于公元 1530 年受教皇与神圣罗马帝国皇帝的指示，在马耳他岛建立新的据点，即马耳他骑士团国，继续其使命。但是，和平并未长久，公元1565年的"马耳他大围攻"再次考验了骑士团的意志，幸而西班牙援军及时赶到，才转危为安。公元1571年，骑士团在勒班陀海战中大败奥斯曼舰队，一雪前耻。骑士团国迎来了鼎盛时期，其战船在地中海上威名远扬。

没有领土的"准国家"

然而，历史像是个戏台，你方唱罢我登场。公元1798年，拿破仑的铁蹄踏破了马耳他的宁静，骑士团被迫投降，失去了最后一片领土。骑士团成员流离失所，最终得到俄罗斯沙皇的庇护，并在罗马重建总部，从此转型为以慈善为主的国际组织。尽管失去了往昔的辉煌与领地，但耶路撒冷圣约翰医院骑士团的精神却得以传承。

在当今时代，医院骑士团作为联合国体系内的一个独特存在，享有永久观察员身份，这一特殊地位赋予了它在国际舞台上独特的参与度。不过，尽管马耳他骑士团在全球范围内享有盛名，它却并未实际掌控任何领土。

医院骑士团运营的核心——位于罗马的总部，被称为马耳他大王宫，坐落于罗马市孔多迪大街68号的显赫位置，占地面积广阔，达到1.2万平方米。

然而，需要澄清的是，这片宏伟的建筑群并非骑士团的领土，而是意大利政府慷慨租借给骑士团使用的。作为对骑士团历史贡献与当前国际角色的认可，意大利政府还赋予这座大楼外交级别的特殊待遇，进一步彰显了医院骑士团在国际交往中的独特地位与尊严。

现在医院骑士团的核心经济来源显著依赖于一种独特的制度——荣誉爵位的授予与销售。在此机制下，个人如果展现出对慈善事业的慷慨解囊，便有机会获得诸如骑士、女爵等尊贵头衔。这些头衔的价值并非固定，而是灵活浮动，紧随市场需求变化。在马耳他，作为骑士团发源地的"故乡"，获得骑士头衔的初始费用仅约 2000 美元，但持有者需承担后续每年的维护费用，即 1250 美元的"年度服务费"。而跨越至大洋彼岸的美国，同样的骑士爵位则采用了更为直接的一次性定价策略，标价高达 5 万美元。

路易十四与康熙皇帝竟然是笔友

在东方，清朝的康熙皇帝统治着一个庞大而繁荣的帝国。他是一位英明而博学的君主，对文化艺术和科学技术都怀有浓厚的兴趣；而在遥远的西方，法国的路易十四同样以其辉煌的统治和人文魅力，引领着欧洲的风潮。这两位身处不同国度的君主，虽未曾谋面，却通过一系列奇妙的事件，在历史的长河中留下了一段跨越时空的笔谈佳话。

由传教士搭建的桥梁

清朝初年，随着西方势力的逐渐东进，一批批传教士带着西方科技文化来到中国。其中，有几位传教士以其渊博的知识和卓越的才能，赢得康熙皇帝的青睐。他们被召入宫中，成为康熙皇帝身边的近臣，负责教授康熙皇帝西方的科学知识和文化艺术。

在这些传教士中，有一位名叫白晋的法国人。他精通中文和满文，对中西文化有着深刻的理解。白晋在宫中，不仅向康熙皇帝传授了数学、天文、地理等科学知识，还向他介绍了路易十四的治国成就和法国的文化艺术。康熙皇帝对这位来自遥远国度的君主产生了浓厚的兴趣，他常常向白晋询问有关法国和路易十四的事情，并表达了对两国文化交流的兴趣。

跨越万里的帝王通信

与此同时，路易十四也对东方的中国充满了好奇。他通过法国在华的传教士和商人，了解到中国的繁荣和强大。路易十四对康熙皇帝的治国理念和中国的文化艺术也产生了浓厚的兴趣，他希望能够与这位东方的君主建立直接的联系。

在一次偶然的机会中，路易十四通过一位在华的法国商人，得知了康熙皇帝对法国文化的兴趣。于是，他亲自写了一封书信，向康熙皇帝表达了自己的敬意和友好交流的愿望。这封信经过长途跋涉，最终由一位传教士带回了北京。

当康熙皇帝看到这封来自远方的书信时，他深感惊讶和喜悦。他仔细阅读了书信的内容，对路易十四的敬意和友好愿望表示了感谢。同时，他也亲自写了一封回信，通过传教士转交给路易十四。在这封回信中，康熙皇帝向路易十四介绍了中国的文化艺术和科技成就，并表达了对两国文化交流的期待。

书信带来的中西交流

通过书信的往来，康熙皇帝和路易十四之间建立了深厚的友谊。他们不仅互相赞美对方的国家和文化，还互相学习借鉴对方的治国理念和科技成就。这种文化的交流不仅促进了中法两国之间的友好关系，也推动了东西方文化的融合和发展。

在康熙皇帝的倡导下，清朝开始大量引进西方的科学技术和文化艺术。西方的数学、天文、地理等科学知识在清朝得到了一定的传播和应用。同时，西方的绘画、音乐等文化艺术也对中国的传统文化产生了一定的影响。然而，这种交流随着清朝"闭关锁国"的政策而停止了。

历史小视界

2024 年 5 月 12 日，为献礼中法建交 60 周的影片《康熙与路易十四》入选第十届法国"中国电影节"。影片采用了大量真实史料，还原了康熙与路易十四两位君主的交往细节，影片共分科技篇、商贸篇、思想文化三个篇章，系统性地展示了很多鲜为人知的中法交往史料，其中包括许多珍贵的文物，比如康熙时期由法国科学家帮助完成的《皇舆全览图》。

达尔文亲手养的龟竟然刚去世不久

查尔斯·罗伯特·达尔文是英国杰出的生物学家，他的名字与进化论紧密相连，成为科学史上不可磨灭的里程碑。他的一生充满了对自然界无尽的好奇心与探索精神，他的理论不仅彻底改变了我们对生物起源和演化的认识，也极大地推动了生物学及相关学科的发展。而在他的生活中，有一只特殊的宠物——一只名叫哈里特的加拉帕戈斯象龟，更是成为他研究生物多样性和自然选择理论的独特见证者。虽然达尔文早在公元1882年就去世了，但这只龟一直活到176岁"高龄"，直到2006年才安详离世，许多当代人都曾见过它。

达尔文的宠物朋友"哈里特"

公元1835年，达尔文踏上了他的环球生物考察之旅。这次航行是他一生中最重要的一次探险，也是他科学研究生涯的转折点。在航行过程中，达尔文不仅收集了大量的生物标本，还对各地的动植物进行了深入观察和研究。当他抵达科隆群岛时，这里生物的多样性让他惊叹不已。

在这个与世隔绝的群岛上，他发现了许多独特的物种，其中就包括加拉帕戈斯象龟。

加拉帕戈斯象龟是科隆群岛特有的物种，它们体型庞大、行动缓慢，但却有着极强的适应能力。达尔文被这些巨大的生物所吸引，他决定带回一只作为自己的宠物。于是，在众多的象龟中，他选中了一只较为年幼的、只有一个小盘子那么大的象龟，起名"哈里特"。

达尔文将哈里特带回英国饲养了数年。在这段时间里，哈里特成了达尔文生活中的一部分，也是他研究生物演化和对环境适应性的重要对象。达尔文每天都会仔细观察哈里特的生活习性，记录它的成长过程，甚至还会与它进行互动和交流。在哈里特的身上，达尔文看到了生物多样性和自然选择的神奇力量。

达尔文不得不忍痛割爱

然而，达尔文很快发现英国的气候并不适合哈里特这种热带生物。寒冷的冬天让哈里特无法适应，它的健康状况逐渐恶化。达尔文担忧自己的宠物会因为不适应环境而死去。于是，他找到了自己的朋友约翰·韦翰，希望他能帮助哈里特找到一个更适合的地方。

约翰·韦翰作为达尔文的忠实朋友和合作伙伴，深知达尔文对哈里特的关爱和重视。他毫不犹豫地答应了达尔文的请求，将哈里特带到气候更为温暖的澳大利亚。在那里，哈里特得到了更好的照料，逐渐适应了当地的环境，它的健康状况逐渐好转，也开始了新的生活。

尽管达尔文无法再亲自照料哈里特，但他对哈里特的关爱和思念却从未减少。他时常会写信给约翰·韦翰询问哈里特的情况，并分享自己的研究进展和心得。在他的心中，哈里特不仅仅是一只宠物，更是他的重要伙伴。

跨越时间的"相聚"

随着时间的推移，达尔文的名气越来越大，他的进化论也逐渐得到了广泛的认可和支持。然而，在最辉煌的时刻，这位伟大的生物学家却在公元 1882 年因病去世，享年 73 岁。

进入 20 世纪末，哈里特已经成为一只高龄的加拉帕戈斯象龟。由于它的年龄和特殊身份，它得到了更加专业和细致的照料。人们将它送到动物园，为它提供更好的生活环境和食物供应。在这里，哈里特继续度过了漫长的岁月，成为动物园里的一道独特风景，许多人都曾慕名前来看它。然而，即使是加拉帕戈斯象龟这样的长寿生物也无法逃脱时间的流逝，在 2006 年它去世了，和它的老朋友达尔文在时隔一个多世纪后于另一个世界"相聚"。

历史小视界

加拉帕戈斯象龟以草食为主，喜食仙人掌、草、树叶等，日食量大但消化低效。它们依赖露水和植物汁液补水，十分耐饥渴，能在无食无水的条件下存活 18 个月，这展现了其强大的生存能力和对环境的高度适应性。加拉帕戈斯象龟拥有一种具有自我修补功能的基因，而且其生活节奏相对缓慢，新陈代谢较慢，因此很长寿，哈里特能活到 176 岁与此是密切相关的。

20世纪60年代美国才废除种族隔离政策

　　虽然美国在南北战争后废除了奴隶制，但是直到20世纪中期，美国南部地区依然普遍实施种族隔离政策，这种政策基于对非裔美国人的种族歧视，以法律形式强制将他们与白人分开，导致了黑人在就业、住房、教育和政治等方面受到严重的限制和歧视。这种违反基本人性的种族隔离政策显然与现代文明格格不入。

　　到了20世纪50年代和60年代，美国民间社会出现了一股反对种族隔离政策的浪潮，即民权运动，民权主义者们向这种远远落后于时代的种族隔离"宣战"，最终也取得巨大成果。

我有一个梦想

　　美国民权运动由一些黑人领袖发起，其中最著名的就是马丁·路德·金。他通过和平游行、示威等方式表达他们的观点和要求，希望废除种族隔离政策，实现平等和公正。

　　在美国南方各地发生了"和平抵抗"运动，这是一种非暴力的反抗方式，旨在抗议种族隔离政策。这些和平抵抗活动包括游行、静坐、拒绝购买某些商品等方式，通过公开反抗种族隔离政策，民权运动得到了更广泛的关注和支持。

1963 年，马丁·路德·金领导了华盛顿特区的大规模游行活动，即"华盛顿大游行"。这次游行吸引了来自全国各地的 25 万人参与，马丁·路德·金在游行中发表了著名的"我有一个梦想"的演讲，呼吁废除种族隔离政策，实现平等和公正。这一演讲也成为民权运动的标志性事件。

经过数十年的努力和斗争，美国民权运动取得了显著的成果，美国政府颁布了《民权法案》，禁止基于种族、肤色、宗教信仰、性别或国籍的就业歧视，并规定为所有公民提供平等的受教育机会。

历史小视界

1967 年末，马丁·路德·金发起了一场旨在缓解经济困境的穷人运动，该运动初期并未获得民权运动先驱们的广泛支持。次年，他积极参与支持孟菲斯清洁工的罢工行动，并在此期间发表了著名的"我已到达巅峰"的演讲。但不幸的是，1968 年 4 月 4 日晚，在田纳西州孟菲斯市的洛林汽车旅馆二楼，年仅 39 岁的他遭遇种族主义者的暗杀，生命戛然而止。

可乐在100年前就有了

可乐作为一种世界知名的碳酸饮料，有着独特的甜味和气泡口感，是人们日常生活中的常见饮品。可口可乐也成为流行文化的一种"图腾"，但许多人不知道可乐早在100年前就出现了。

早在公元19世纪末的美国，药剂师约翰·斯蒂斯·彭伯顿以其敏锐的洞察力和对药品与饮品的深刻理解，为后世留下了一款影响深远的饮料——可口可乐。这款饮料诞生后，成为"世纪硬通货"，不仅改变了饮料行业的格局，更成为全球流行文化的一部分。

"意外中的惊喜"可口可乐

彭伯顿最初调制的可乐（可口可乐最初的称呼）是一款以古柯叶和可乐果为主要成分的饮料，具有提神醒脑、缓解疲劳的功效。然而，尽管这款饮料在疗效上表现出色，但在口感和味道上却难以吸引广大消费者。彭伯顿深知，要想让可乐在市场上取得成功，就必须在口感上进行改进和创新。

在一次偶然的机会中，彭伯顿的店铺里发生了一个误操作。一位营业员在为客人调制饮料时，不小心将苏打水倒入了可乐中。这一失误让彭伯顿大感惊讶，他立即品尝了这款被"污染"的饮料。出乎意料的是，加入了苏打水的可乐竟然口感极佳，清爽可口，而且带有一种独特的气泡感。

这个发现让彭伯顿意识到，苏打水或许可以成为改善可乐口感的关键。于是，彭伯顿开始尝试将苏打水与可乐进行混合。他经过多次实验和调整，终于找到了最佳的配比。这款新饮料不仅保留了原有的功效和口感，还增添了气泡感，让人在饮用时更加愉悦。而后，彭伯顿为这款饮料改了一个更加朗朗上口的名字——"可口可乐"。

"可口可乐"一经推出便迅速走红，受到了广大消费者的喜爱。人们纷纷称赞这款饮料口感独特、清爽宜人，而且具有提神醒脑的功效。彭伯顿凭借其对饮料行业的敏锐洞察力和不懈追求，成功地将"可口可乐"打造成一款畅销全球的碳酸饮料。随着时间的推移，"可口可乐"逐渐成为全球最受欢迎的饮料之一。之后，百事可乐也迅速崛起，与"可口可乐"并称可乐界的两大巨头。

🕊️ 历史小视界

1953 年，青岛凭借国家政策的扶持，集结科技精英力量，成功研制出中国自主生产的碳酸饮料——崂山可乐，其独特的配方与风味迅速成为市场亮点。随后数十年间，以崂山可乐为旗舰的系列饮品风靡全国，深受消费者喜爱。此后国内还有一款流行的可乐"非常可乐"，这两款可乐让"中国人自己的可乐"成为国内饮料行业的一段佳话。

恐龙"成名"不过短短两百年

　　恐龙诞生于约 2.3 亿年前的三叠纪时期，灭绝于约 6600 万年前的白垩纪时期。恐龙时代在地球上延续了约 1.7 亿年。如今，这种神奇的古生物可以说是家喻户晓，各种科普读物、奇幻小说和影视作品充满了恐龙素材，甚至还发展出了流行全球的"恐龙文化"。

　　虽然恐龙文化遍布世界各个角落，但是人类了解恐龙的时间并不长，直到公元 19 世纪，人们才知道地球上曾存在过这种奇特的动物。如今，约有 1000 种恐龙被命名，每年仍有约 50 种新恐龙亚种被发现，人们对恐龙的认知依然是冰山一角。

乡村医生成为第一位恐龙化石研究者

　　公元 19 世纪早期，随着地质学研究的深入，科学家们意识到地球生物圈的历史远比人们之前所预想的要悠久和复杂。那时，人们对于史前生物的认知还极为有限，化石仅是偶尔被当作奇异的石头，未能引起科学家的广泛关注。

然而，一些人敏锐地察觉到这些"石头"中的秘密。他们推测，地球上曾经存在过一些体型巨大、形态各异的生物，这些生物在数千万年前就已经灭绝。这种推测引起了科学家的极大兴趣，他们开始寻找并研究这些古老生物的化石，以了解它们的生活习性和灭绝原因。

　　公元1822年，英国乡村医生吉迪恩·曼特尔对妻子玛丽·安在路边的碎石中采集到的几枚巨大的动物牙齿进行了研究，他认为这些牙齿属于已经灭绝的类似蜥蜴的巨大爬行动物。

　　但是曼特尔直到公元1852年，才正式公开了这一发现，并绘制了骨架图，给这种古动物起了一个拉丁语学名"Iguanodon"，这就是大名鼎鼎的"禽龙"。因此，曼特尔也被誉为第一位恐龙化石的研究者。

第一个被命名的恐龙"斑龙"

　　公元1822年春季，英国地质学家威廉·巴克兰开始了他一生中最具里程碑意义的发现之旅。他的研究始于英格兰南部石炭纪地层。

　　在一次偶然的机会下，巴克兰在萨塞克斯郡的一处采石场发现了几块巨大的骨骼化石，它们与任何已知生物的骨骼截然不同。经过仔细清理和比对，巴克兰认为这些骨骼属于一种体形庞大、牙齿尖锐的肉食性动物。

　　巴克兰对这些化石进行了详尽的描述和科学的命名，这就是"斑龙"（巨齿龙），它也是第一种被正式命名的恐龙。自此以后，恐龙的相关概念终于走入公众视野。

"恐龙"大名的诞生

英国古生物学家理查德·欧文爵士接过巴克兰的科研接力棒，将恐龙研究推向更高的层次。欧文在研究过程中注意到，这些化石所代表的生物与现代的蜥蜴类动物在形态上虽有相似之处，但无论是在体形、结构还是生态位上都存在着巨大的差异。为了准确描述这一神秘而庞大的生物群体，他在公元 1842 年正式出版的学术报告《大不列颠化石爬行动物》中，创造了一个神秘的名称——Dinosauria，这就是我们熟悉的"恐龙"。这个名称来自希腊语的"恐怖的蜥蜴"，既体现了这些生物在体型上的巨大和可能带来的威胁感，又巧妙地保留了与现代蜥蜴的某种联系，便于公众理解和接受。

"Dinosauria"一词迅速在学术界和公众中传播开来，并逐渐取代了之前使用的各种模糊和不准确的称呼。随着更多恐龙化石的发现和研究，恐龙的种类和生态习性逐渐被大众所知，恐龙学研究也迎来了前所未有的繁荣时期。欧文不仅正式命名了恐龙，还推动了博物馆中恐龙化石的展示和科普教育，使得恐龙这一古老而神秘的生物群体走进了公众视野，甚至成为人类文化中重要的组成部分。

历史小视界

中国是"恐龙大国"。在全球已识别的约 1000 种恐龙中，中国拥有约 200 种，覆盖了所有主要类别。尤为重要的是，从中国早侏罗纪的"禄丰龙"，到中侏罗纪的"蜀龙"，再到晚侏罗纪的"马门溪龙"，直至晚白垩纪的"鸭嘴龙"，这五个恐龙生物群大致描绘出了恐龙从起源、演化到灭绝的全过程。

筹办美国特勤局的美国总统死于暗杀

　　美国特勤局是美国联邦政府的执法机构，现在隶属于美国国土安全部，在2003年3月1日之前，隶属于美国财政部。美国特勤局的一项重要职能就是保护总统和前任总统及其家属的安全。此外，保卫重要人物、外宾等的安全也是人们熟悉的美国特勤局的职能。令人意想不到的是，成立美国特勤局的是林肯总统，但是他还没有享受到特勤局的保护就被刺杀身亡了。而且，美国特勤局成立之初，主要是为了打击经济犯罪，而不是保卫重要人物的安全。

为打击经济犯罪而生的特勤机构

　　公元19世纪中叶的美国正处于南北战争结束后的重建时期。林肯总统以其卓越的领导力和坚定的决心，成功领导美国人打赢了内战，并废除了奴隶制。然而，他的这些努力使他成为南方极端分子的眼中钉、肉中刺。

　　就在林肯总统致力于国家重建时，美国国内还面临着另一个严峻的问题——伪造货币。当时，由于技术限制和监管不力，伪造的货币泛滥成灾，严重威胁到国家的经济安全。为了应对危机，财政部部长休·麦卡洛赫建议成立一个专项委员会来调查和处理货币伪造问题。林肯总统对此表示赞同，并于公元 1865 年 4 月 14 日签署了相关法案，正式成立了"财政部特勤处"（即后来的美国特勤局，USSS）。

然而，命运似乎对林肯总统开了一个残酷的玩笑。就在他签署法案、创立特勤局的同一天晚上，林肯总统在华盛顿特区的福特剧院观看歌剧时，遭到了南方极端分子约翰·威尔克斯·布斯的暗杀。这一突如其来的悲剧，不仅夺走了林肯总统的生命，也让他未能亲眼看到自己亲手创立的机构发展壮大。

保卫总统成为特勤局的重任

尽管特勤局最初成立的目的是打击伪造货币等经济犯罪，但林肯总统的遇刺却让这个机构的命运发生了重大转折。此后几十年间，随着多位美国总统遭遇暗杀或暗杀未遂事件（如詹姆斯·加菲尔德和威廉·麦金莱），美国社会对加强总统安保的呼声日益高涨。最终，在威廉·麦金莱总统遇刺后，特勤局被非正式地赋予了保护总统及其家人的重任。

随着时间的推移，特勤局逐渐成为美国联邦政府最重要的机构之一。其特工们经过严格选拔和训练，不仅负责美国总统的安保工作，还需要应对各种突发事件和危机。在保护总统安全方面，特勤局取得了显著成效，成功挫败了多次针对总统的暗杀企图。

然而，特勤局的护卫任务并非一帆风顺。1963 年 11 月 22 日，时任美国总统约翰·肯尼迪在得克萨斯州达拉斯市遭遇暗杀身亡。尽管特勤局特工们拼尽全力进行保护，但仍未能阻止悲剧的发生。这一事件对特勤局来说是一次沉重的打击，也促使他们进行了大规模的改革和升级。此后，特勤局进一步加强了对总统的安保措施，并不断提高自身的专业能力和应对危机的能力。

历史小视界

在美国史上有四位在任总统遇刺身亡。林肯是美国第一位死于刺杀的在任总统。公元 1881 年 7 月 2 日，美国总统詹姆斯·艾伯拉姆·加菲尔德在华盛顿的火车站被枪击，两个多月后死于感染和并发症。1901 年 9 月 6 日，威廉·麦金莱总统被射击，身中两枪并于数日后去世。1963 年 11 月 22 日，约翰·肯尼迪总统头部和颈部中弹，随后在医院去世。另外，安德鲁·杰克逊、西奥多·罗斯福、富兰克林·罗斯福、哈里·S·杜鲁门、罗纳德·威尔逊·里根等在任或卸任总统曾遭遇刺杀，绝大部分受伤。2024 年 7 月，再次参选的前总统唐纳德·特朗普遭遇刺杀，中弹受伤，这是最近的美国在任总统或卸任总统遇刺事件。

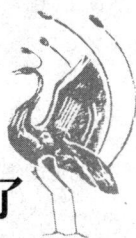

电子游戏巨头任天堂在清朝时就存在了

公元 1889 年，正值中国历史上清朝第十一位皇帝——光绪帝亲政，同年 9 月，在日本一家叫作任天堂的公司成立了，可能就连创始人山内房治郎也没想到它如今辉煌的样子。

任天堂作为世界电子游戏业的三巨头之一，凭借其卓越的产品质量、丰富的游戏资源和不断创新的精神，赢得了全球玩家的喜爱和信赖，被称为现代电子游戏产业的开创者。但许多人不知道的是，任天堂早在清朝时就成立了。当时，虽然任天堂并不经营电子游戏，但它一开始就与游戏结下了不解之缘。

卖扑克牌起家的任天堂

公元 1889 年 9 月，工匠山内房治郎在日本京都建立了一个作坊，取名"山内任天堂"（任天堂骨牌），从事花札（起源于日本安土桃山时代的一种纸牌）的生产和销售。次年，任天堂生产了日本第一副扑克牌。由于任天堂纸牌的质量过硬，很快就垄断了当时许多赌场的纸牌供应业务。

1929 年，山内房治郎退居二线，由于当时日本法律规定只有男性可担任企业领导人，于是无子的山内房治郎将作坊传给婿养子山内积良。1947 年，山内积良成立丸福株式会社，继续做花札纸牌生意。山内积良本想效仿养父的做法，将公司留给婿养子，然而婿养子没有选择接起这副担子而是离开山内家，还留下了 5 岁的儿子，这个孩子就是以后开创任天堂新天地的山内溥。

"二代养子"山内溥扛起大旗

1949 年，山内积良病逝，22 岁的山内溥继承家业。随后，他将公司更名为任天堂骨牌株式会社。1959 年，任天堂拿下美国迪士尼公司在日本的独家代理权，在日本发售迪士尼卡通形象的扑克牌，一度大获成功。然而好景不长，由于扑克牌市场的过分饱和，任天堂在激烈的市场竞争中也逐渐丧失优势。

为了突破困境，任天堂开始尝试转型。他们首先放弃了自己经营多年的花札业务，将全部精力投入到电子游戏产业的研发和生产中。在这个过程中，任天堂不断引进新技术和人才，努力提升产品质量和创新能力。

1969 年，任天堂推出了一款名为"超级怪手"的电子游戏机，其内置的游戏以独特的玩法和精美的画面著称，一经问世便取得了巨大的成功。这一突破性的成果为任天堂带来了巨大收益和宝贵的经验，也为其后续的发展奠定了坚实的基础。

在"超级怪手"取得成功后，任天堂并没有满足于现状，而是继续加大研发力度，推出了一系列具有创新性的游戏产品。其中最具代表性的就是 1983 年推出的"Family Computer"（简称 FC）游戏机。这款游戏机采用了全新的图形处理器和音效系统，使得游戏画面更加精美、音效更加逼真。同时，任天堂开发了一系列经典的游戏作品，如《超级马里欧兄弟》《魂斗罗》等，这些游戏深受玩家喜爱，成为任天堂的招牌产品。

FC 游戏机的大卖使得任天堂在游戏产业中迅速崛起。任天堂不仅在日本市场取得了巨大的成功，还将业务拓展到了全球各地。任天堂凭借其卓越的产品质量和创新能力，逐渐成为全球游戏产业的领军企业之一。

历史小视界

任天堂第一款畅行世界的 FC 游戏《超级马里欧兄弟》，取得了优异的成绩。此后，任天堂接连推出 SFC、N64、NGC、Wii、WiiU、Switch 等家用游戏机，以及 Game&Watch、GB、GBA、GBASP、NDS、3DS、Switch Lite 等掌上游戏机。此外，《超级马里欧兄弟》《魂斗罗》《塞尔达传说》《宝可梦》《密特罗德》《火焰之纹章》《星之卡比》等，也是任天堂家喻户晓的游戏产品。时至今日，游戏硬件与游戏软件业务依然是任天堂的基本盘。2002 年 5 月，山内溥退休。岩田聪成为任天堂第四任社长后至今，任天堂一直由非山内家族成员担任社长。

1977年法国居然还在使用断头台

在法国，断头台又被称为"吉约坦的机器"，是由法国医生吉约坦于公元18世纪末发明的一种执行死刑的装置。它的设计初衷是减少死刑执行时受刑人的痛苦。但在实际使用中，却因其残酷和血腥的场面而成为法国历史上最具有象征意义的恐怖刑罚工具。

在长达一个多世纪的时间里，法国有无数有罪甚至无罪之人在断头台上失去了生命，其中包括许多著名的历史人物，如路易十六、玛丽·安托瓦内特、罗伯斯庇尔、拉瓦锡等。

路易十六死于自己改造的断头台

在断头台发明之前，法国执行死刑的方式主要包括车裂、火烧和绞刑等，这些方法被认为过于残酷。公元18世纪末，巴黎制宪议会议员约瑟夫·吉约坦医生提出推广斩首刑，并请德国工匠多皮亚斯·施密特制作了一台快速斩首机。

然而，该机器在制造初期存在斩刀容易卷刃的问题。法国国王路易十六，以其在机械方面的兴趣和天赋而闻名，被后人称为"锁匠国王"。当他得知斩首机存在的问题后，亲自对斩首机进行了改进，建议将斩刀改成三角形，以适应所有人的脖子。这一改进提高了斩首机的工作效率，并减少了卷刃的情况。然而，路易十六或许未曾预料到，自己最终会成为这一改进版断头台的受刑者。

法国大革命期间，路易十六因被指控犯有叛国罪而被国民公会判处死刑。公元 1793 年 1 月 21 日，路易十六在巴黎的革命广场（即现在的协和广场）被送上断头台。在处决前的示众游行中，路易十六发表了简短的演讲，表达了他对莫须有罪名的愤慨。最终，路易十六被自己改进并命名的断头台处决，成为法国历史上唯一一位被斩首处决的君主。他的妻子玛丽·安托瓦内特皇后也同样被送上了断头台。

最后的断头台执行

1977 年的法国正处于一个动荡不安的时期，国内政治局势复杂多变，社会矛盾和冲突不断加剧。同时，随着现代法治的发展，断头台作为执行死刑的工具，其存在和使用自然成为公众关注的焦点。

1977 年 9 月 10 日，马赛市的保米蒂斯监狱内，哈米达·德加多比成为法国历史上最后一个被断头台处决的囚犯。他的罪行是残忍地杀害了六名无辜的市民，这一行为引起了社会的广泛谴责。在经历了一系列的审判和上诉后，哈米达·德加多比最终被执行了死刑。

哈米达·德加多比的死讯传出后，法国社会掀起了一股呼吁废除死刑的浪潮。人们纷纷走上街头，抗议政府的死刑政策，呼吁政府废除死刑制度。这一呼声得到了越来越多的支持，包括一些政治家、学者等各界人士都纷纷加入呼吁废除死刑的行列中来。在公众舆论的强烈要求下，法国政府开始认真考虑废除死刑的问题。经过长时间的研讨和辩论，法国政府最终于1981年正式宣布废除死刑。

历史小视界

时至今日，断头台对于法国而言已然成为一种残酷的文化符号。斯蒂芬·茨威格在其经典名作《人类群星闪耀时》中就以极悲壮的方式描述了著名化学家拉瓦锡被送上断头台的时刻。法国大革命中，拉瓦锡被雅各宾派以当过包税官压迫人民的名义送上了断头台。法国著名数学家约瑟夫·拉格朗日在拉瓦锡被斩首后痛心地说："他们可以一眨眼就把他的头砍下来，但他那样的头脑一百年也再长不出一个来了。"

科技纪元

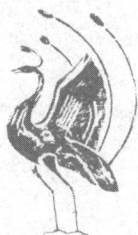

大航海时代的"橙汁奇迹"

公元 15 世纪，西欧各国资本主义生产关系的萌芽已经产生并初步发展。然而当时欧亚之间的奥斯曼帝国控制着海上的红海通道和陆上的丝绸之路，东西方贸易受阻，西方迫切需要的东方香料价格飞涨，成为奢侈品。为开辟新航线，西班牙、葡萄牙、荷兰、英国等国家先后开始资助航海家进行海上探索，自此欧洲开启了大航海时代，在全球进行殖民贸易和扩张。

在大航海时代，水手们驾驶着帆船穿越浩瀚的海洋，将世界的各个地区紧密地联系在一起。然而，这段旅程并非一帆风顺，他们面临着极端天气、海难、疾病等多重挑战。其中，坏血病（维生素 C 缺乏症）成为水手们最为恐惧的敌人之一。最后帮助水手战胜这种可怕的病症的竟然是普普通通的"橙汁"。

坏血病的"克星"——橙汁

据不完全统计，从公元 1500 年至公元 1800 年，有近 200 万水手因坏血病而丧命。这种病症的症状多种多样，且难以诊断，因此常被误诊为其他疾病。

公元1753年，苏格兰军医詹姆斯·林德在一次实验中意外发现了橙子和柠檬等柑橘类水果对坏血病的预防和治疗作用。他通过对比实验，发现食用柑橘类水果的水手比未食用的水手更快地恢复了健康。这个发现对当时的航海医学产生了革命性的影响。

英国詹姆斯·库克船长在他的航海探险中积极应用了林德的科研成果。他要求船员们大量食用新鲜的蔬菜和水果，并鼓励他们喝柠檬汁或酸橙汁以代替甜酒。这项措施极大地降低了船员们患坏血病的风险。库克船长的三次探险航行中，没有一位船员因坏血病而死亡，这在当时被视为一个奇迹。

英国"柠檬部队"

尽管林德的发现和库克船长的实践都证明了柑橘类水果对预防坏血病的有效性，但这项发现最初并未得到广泛认可。直到公元1795年，英国海军才正式在水手的饮食中加入柠檬汁或橙汁作为预防坏血病的措施。这项举措迅速取得显著成效，英国海军也因此摆脱坏血病的困扰。随着时间的推移，柠檬汁和柑橘类饮料逐渐成为船员的必备品。

随着航海技术的不断进步和全球贸易的日益繁荣，越来越多的船只开始进行长距离的航行。在旅程中，橙汁和柠檬汁等柑橘类饮料成为保障船员健康的重要物资。它们不仅为船员们提供了必要的营养成分，还帮助他们抵御坏血病等疾病的侵袭。由于当时英国皇家海军在饮食中加入柠檬汁后取得了显著成效，他们甚至被冠以"柠檬部队"的绰号。

到了现代社会，橙汁依然是一种备受欢迎的饮品。它不仅口感酸甜可口、清爽宜人，还富含丰富的维生素C、矿物质和膳食纤维等营养成分。这些成分对人体健康有着诸多益处，如增强免疫力、促进消化等。因此，橙汁成了现代人保持健康生活的重要饮品之一。

世界第一位女程序员的传奇

公元 19 世纪的英国，科技正以前所未有的速度迅猛发展，工业革命的浪潮席卷了整个欧洲。然而，在这个以男性为主导的科技世界里，女性工作者的身影鲜少出现。就在这个艰难的环境中，一位名叫阿达·洛芙莱斯的女性，却以其非凡的才华和勇气，成为世界上第一位女"程序员"，为计算机科学的发展留下了浓墨重彩的一笔。

阿达·洛芙莱斯是英国著名诗人拜伦的女儿。拜伦作为英国公元 19 世纪初期著名的浪漫主义诗人，在世界上享有盛誉。而相比拜伦，大家对阿达·洛芙莱斯则感到陌生得多，但是阿达·洛芙莱斯的事迹也是伟大的。

世界首款程序的诞生

阿达在母亲的支持下十分热衷于数学研究。她进入计算机领域的契机与著名科学家查尔斯·巴贝奇的研究紧密相关。

公元 1823 年，查尔斯·巴贝奇在法国政府的支持下设计出一台容量为 20 位数的机械计算机；公元 1834 年，他又设计了一种名为"分析机"的机械计算机。这台机器虽然庞大而复杂，但却具有划时代的意义，它被认为是世界上第一台真正的计算机原型。然而，由于资金和技术的限制，巴贝奇的"分析机"未能制造完成。

查尔斯·巴贝奇曾做过阿达·洛芙莱斯的老师。"分析机"的研发陷入瓶颈之际，阿达站了出来，她深入研究了巴贝奇的"分析机"设计图，发现了其中蕴含的巨大潜力。她坚信，如果能为这台机器编写一套程序，那么它就能完成更加复杂的计算任务。于是，阿达开始着手编写世界上第一套计算机程序。

编写程序的过程充满了挑战和困难。阿达需要面对一台尚未完成的机械计算机，以及一个几乎空白的编程领域。然而，她并没有退缩，而是利用自己的数学和逻辑知识，设计了一套复杂的算法，并将它们转化为机器能够执行的指令。这些指令被刻在打孔的纸带上，然后通过机器读取和执行。

经过无数次的实验和修改，阿达在公元 1842 年终于成功地编写出了世界上第一套计算机程序。这个程序能够控制"分析机"进行一系列复杂的数学运算，包括计算伯努利数列的值和求解线性方程组等。这一成就不仅证明了阿达卓越的编程才华，也为后来的计算机科学发展奠定了重要基础。

被人遗忘的"计算机程序创始人"

阿达的工作并没有因为程序的完成而结束。她继续深入研究计算机科学和数学理论，为计算机科学的发展做出了更多贡献。她发表了多篇关于计算机科学和数学的论文和著作，其中包括《关于巴贝奇先生的分析引擎的笔记》一文，这篇文章被认为是计算机科学史上最重要的文献之一。

令人感到惋惜的是，尽管阿达在计算机科学领域取得了如此卓越的成就，但她的贡献并没有得到应有的认可。因为在那个时代，女性科学家和程序员依然受到严重的歧视和偏见。阿达的工作被世人忽视，她的名字也鲜少被提及。

然而，历史是公正的。随着时间的推移，阿达·洛芙莱斯的贡献逐渐被人们所了解和重视。她作为世界上第一位女程序员和计算机科学先驱者的地位得到后人的认可和尊重。她的故事激励着后来的女性科学家和程序员们勇敢地追求自己的梦想和事业。

如今，阿达被公认为"第一位给计算机写程序的人"，她建立的循环和子程序概念，也是现代计算机程序设计中的基础逻辑。

历史小视界

20 世纪 70 年代，美国国防部启动了一项雄心勃勃的项目，旨在将美军系统内繁多的上百种编程语言进行统一整合，并着重提升编程的调试效率与整体性能，目标是将这种集成化语言确立为军方数千台计算机的标准作业语言。经过数年的努力，该项目终于在 1981 年结出了硕果，正式推出被命名为"ADA"（阿达）的新型编程语言，以此向计算机程序先驱阿达致敬。

自拍在近两百年前就有了

自拍是如今一种非常流行的拍照方式，它让人们能够随时随地捕捉自己的美妙瞬间，分享到社交媒体上，与朋友们分享生活点滴。但是许多人不知道自拍其实是一项有着近两百年历史的活动。

公元 19 世纪摄影技术才刚刚起步时，一个名叫罗伯特·科尼利厄斯的美国摄影师，在费城的一家照相馆里，意外地成了自拍历史的开创者。他的这一举动不仅记录了摄影技术的一个重要瞬间，更深刻影响了后世对于自我表达和记录的看法。

突发奇想开创了"自拍"历史

公元 1839 年是摄影技术发展的关键一年。这一年，达盖尔照相法在法国公布，标志着摄影技术从理论走向了实践。而在美国，摄影技术也迅速引起了人们的关注。作为一名对工作充满热情的摄影师，罗伯特·科尼利厄斯每天都在与各种摄影设备和材料打交道，不断探索着这个神秘领域的无限可能。

有一天，当科尼利厄斯正在调试他的相机时，他突然意识到，为何不使用相机来拍摄自己呢？这个想法在当时看来无疑是异想天开。因为老式相机的操作需要精确的调整和长时间的曝光，而自拍则意味着摄影师需要在镜头前保持长时间的静止不动。然而，科尼利厄斯并没有被这些困难吓倒。他相信，只要用心尝试，就一定能够成功。

经过精心的准备和调整，科尼利厄斯将相机对准了自己。他迅速跑到座位上，坐好并保持静止。随着时间的推移，他仿佛感觉到相机的镜头里隐藏着一道冰冷的目光，然而，他并没有因此而动摇，而是坚定地保持着姿势。经过一分多钟的漫长等待，相机终于完成了曝光。科尼利厄斯迫不及待地取出了照片，只见上面清晰地印着自己的影象。

历史小视界

2014年，"自拍杆"这一新概念横空出世，它精准地定义了这类创新设备，这些设备通过延长拍摄距离，让自拍爱好者们能够轻松在手臂难以触及的角度拍出自拍照，极大地丰富了自拍的多样性和趣味性。据谷歌的数据统计，在2014年，仅安卓系统手机每日便记录下惊人的约9300万次自拍瞬间，彰显了自拍文化的蓬勃发展。

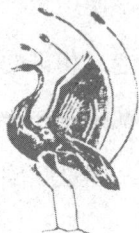

海盗的单只眼罩并非因为伤残

　　海盗是一个古老而神秘的职业，自航海事业出现开始就有了海盗。早期的爱琴海、地中海地区已有劫掠商船的行为，中世纪北欧地区的维京海盗兼具航海与探险，劫掠各路商船，更是令人闻风丧胆。大航海时代是海盗发展的黄金时期，加勒比海盗日益猖獗，这一时期，诞生了历史上著名的海盗头子基德船长、"黑胡子"蒂奇、"黑色准男爵"罗伯茨等。

　　由于海盗旗、藏宝图、独眼罩等符号，海盗常给人一种神秘、荒诞、危险的印象。经典电影作品《加勒比海盗》中化着烟熏妆、梳着脏辫、亦正亦邪的杰克船长更是让海盗形象深入人心。在许多关于海盗的文学、影视作品中，海盗总以戴着眼罩的形象示人。但是你知道吗？海盗戴着单只眼罩不一定是因为伤残，而是一种战术。

海盗的单边眼罩是一种战术

　　在许多文学、动画、电影作品中，海盗总是戴着单只眼罩、戴着骷骷髅头帽子，这不禁使人好奇：海盗为什么总遮住一只眼睛？是因为伤残还是为了耍帅，或是有其他原因呢？

实际上，海盗总戴着单边眼罩，并非因为他们真的失去了一只眼睛，而是出于实际的功能性需求。海盗的生活环境充满了快速变化的光线条件，他们经常需要在明亮的甲板和昏暗的船舱之间频繁转换位置。由于人眼从明亮环境进入黑暗环境时，需要一段时间来适应（即暗适应），这一过程中视力会暂时下降。为了应对这种光线条件的快速变化，海盗们采取了聪明的策略：通过佩戴眼罩，使一只眼睛始终保持在较暗的环境中，从而保持其适应黑暗的能力。

当需要进入敌方船舱进行突袭或进入其他黑暗环境时，海盗们只需简单地交换眼罩的位置，之前被遮住的、已经适应黑暗的眼睛就能迅速发挥作用，帮助他们清晰地看到周围的环境。这种"生理外挂"类似于现代狙击手遮住非瞄准眼以保持视觉敏锐度。

战争创伤的浪漫化呈现

在公元 18 世纪的海战中，海盗们使用短火枪、铁链炸弹等进行战斗。火药爆炸、刀剑劈砍易致眼部伤残。眼罩既是对创伤的实用遮掩，又被赋予"身经百战"的荣誉象征。文学创作（如《金银岛》中的西尔弗）进一步将其塑造为海盗"勇猛宿命"的视觉隐喻。此外，独眼形象自带凶悍气质，能对商船船员产生心理压迫。眼罩遮蔽的"空洞"能激发观者对未知伤残的恐怖想象，强化海盗作为"海上亡命徒"的威慑力。

　　世界历史上最早的海盗活动记录可追溯至前公元 14 世纪的古代近东地区。古埃及新王国时期的文献记载了被称为"海上民族"的群体对地中海沿岸的侵袭，法老拉美西斯二世（公元前 1279 年—公元前 1213 年在位）的铭文描述了这些海上劫掠者对尼罗河三角洲的威胁。同一时期，叙利亚乌加里特（今拉斯沙姆拉）遗址出土的泥板文书（约公元前 1200 年）记录了海盗袭击导致港口瘫痪的紧急求救信息，印证了青铜时代晚期地中海东岸已存在系统性海盗活动。

　　在爱琴海地区，公元前 8 世纪的《荷马史诗》提供了文学佐证。《奥德赛》中的主人公奥德修斯自称"以海盗为生"，雅典娜称赞其"精通劫掠之术"，反映了古希腊早期社会对海盗行为的复杂态度——既受道德谴责，又被视为生存手段。同时，腓尼基人（公元前 1500 年—公元前 300 年）作为古代航海先驱，兼具商人与劫掠者双重身份，常以贸易为名劫掠沿岸居民。

加特林机枪发明者居然是名医生

提到加特林机枪的大名，恐怕军事爱好者无人不知无人不晓。这种多管旋转机枪火力凶猛，也是在世界范围内大规模实战使用的第一种机关枪。

出人意料的是，这种传奇枪械的发明者却并非大众想象中的军火专家或武器设计师，而是一位名叫理查德·乔丹·加特林的医生。

"不务正业"的医生

加特林医生出生于美国北卡罗来纳州的一个农场主家庭。他从小就对机械工具和设计产生了浓厚的兴趣，经常帮助父亲修理和制造各种农具和机械。这些经历锻炼了他的动手能力和解决问题的思维，也培养了他对机械设计的独特见解。

然而，加特林的人生轨迹并没有一开始就指向机械设计。成年后，他因一场疾病而进入医学领域，并在公元1850年毕业于俄亥俄医学院。医学的严谨和细致让他对生命和健康有了更深刻的理解，但他内心对机械设计的热情从未减退。

美国南北战争成为加特林命运的转折点。他加入军队，成为一名军医。在战场上，他目睹了战争的残酷和士兵因手动装填枪支而遭受的伤亡。这些经历深深地触动了他，他意识到如果能够发明一种可以连续射击的武器，将能够大大提高军队的火力密度，"让一个人发挥一百个人的力量"，从而减少士兵的伤亡。然而，事与愿违，他发明的超级大杀器反而在战场上造成巨大伤亡。

超级大杀器的诞生

公元 1861 年夏天，加特林从左轮手枪转膛发射中获得灵感，开始研发转管机枪。经过长时间的思考和实验，他最终成功了。这款机枪采用了多管旋转设计，通过手动旋转曲柄，使枪管能够持续旋转并连续发射子弹。这种设计大大提高了射击速度和火力密度，使得加特林机枪成为一种极具威力的武器。

加特林完成设计后，委托迈尔斯·格林伍德公司制造了几挺样枪，但在一次火灾中样枪和设计图纸全部被烧毁。不过这个插曲并没有阻止加特林机枪的诞生和传播。几年后美国陆军就装备上了这款机枪。随后加特林机枪在世界范围内流行开来。直到以马克沁重机枪、勃朗宁重机枪等为代表的自动武器流行，手摇转管式的加特林机枪才逐步被淘汰。

加特林机枪的发明在当时的战场上产生了巨大的影响。它不仅能够为军队提供强大的火力支援，还能够有效地压制敌人的火力。它的出现改变了战争的形势，使得火力成为战场上决定胜负的关键因素之一。

　　加特林除了在武器设计方面的贡献外，还发明过其他机械设备。例如，他设计了一种棉花种植机，这种机器能够自动种植棉花，大大提高了农业生产效率。他还发明了一种船用螺旋桨，这种螺旋桨能够更好地适应水流，提高船只的航行速度和稳定性。

手术前"消毒"的历史并不长

现代医学在进行手术前都会先进行术前消毒，这样能大大降低患者在手术中感染的风险。但是在公元 200 年前，人们还没有意识到手术前消毒的重要性，那时的病人在手术后的感染率非常高。

在公元 19 世纪中期，医学界正经历着前所未有的变革。那时的外科手术虽然已经成为治疗疾病的重要手段，但术中感染问题却始终困扰着医生。手术后的患者常常因为感染而陷入生死边缘，手术的失败率居高不下，使得许多患者和医生都对手术充满了恐惧和不安。

偶然发现的石炭酸杀菌法

在这一背景下，英国医生约瑟夫·李斯特的出现，照亮了医学领域的前进道路。李斯特医生是一位敏锐的观察者，他注意到许多手术后感染病例都与手术环境的不洁有关。他坚信，通过改善手术环境的卫生状况，可以有效地降低手术的感染率。

公元 1865 年，在一次偶然的机会中，李斯特医生发现石炭酸（即苯酚）具有强大的杀菌能力。他尝试用石炭酸擦拭手术器械和手术区域，并发现这一方法居然能够显著降低手术中的感染率。这一发现让李斯特医生兴奋不已，他意识到，自己或许找到了解决手术感染问题的关键。

发现容易，推广难

但是，李斯特医生的这个发现并没有立即得到医学界的认可。当时，许多医生对石炭酸的安全性保持怀疑态度，认为它可能对人体产生危害。面对医学界的质疑，李斯特医生并没有放弃，他坚信自己的发现是正确的，并开始努力推广石炭酸消毒法。

为了证明石炭酸消毒法的有效性，李斯特医生进行了一系列严格的实验。他选择了两组即将进行手术的患者，一组使用石炭酸消毒法进行术前准备，另一组则采用传统的术前准备方式。实验结果显示，使用石炭酸消毒法的患者组在手术后的感染率明显低于对照组。这一结果让李斯特医生更加坚定了自己的信念，也让他更加有信心地推广石炭酸消毒法。

在李斯特医生的努力下，石炭酸消毒法逐渐得到了医学界的认可和应用，越来越多的医生开始采用这种方法进行术前准备，手术中的感染率也显著降低。

五花八门的消毒技术

在李斯特医生的启发下，人们开始研究各种消毒方法，并将其应用于外科手术中。加热、紫外线照射、化学消毒剂等方法都被广泛应用于手术器械、手术室和医护人员自身的消毒中。这些消毒方法的应用，进一步降低了手术中的感染率，为外科手术的发展奠定了更加坚实的基础。

随着消毒技术的不断发展，外科手术的安全性和有效性得到了极大提高。医生开始更加注重手术过程中的无菌操作，并采用了更加先进的消毒设备和技术。手术室的环境卫生得到了极大的改善，手术器械的消毒也更加彻底和可靠。这些变化不仅减少了手术中的感染风险，也提高了手术的成功率，为患者造福。

历史小视界

在李斯特之后，德国杰出医者伯格曼在公元 1877 年引入了蒸汽灭菌技术，这项创举不仅在当时极具前瞻性，更为日后无菌外科手术的理念奠定了坚实基础。随后，在公元 1883 年，法国的医学先驱泰利隆进一步推动了外科器械消毒技术的发展，他积极倡导并实践了包括煮沸、干热处理以及火焰灼烧在内的多种消毒方法，极大地提升了外科手术的安全性与成功率。

第一张X光照片在公元19世纪末就诞生了

在医学发展的漫长历史中，无数的科学发现和技术创新如璀璨的星辰，点亮了人类探索生命奥秘的道路。其中，X射线的发现及其在医学领域的应用，无疑是历史长河中一束耀眼的星光。它不仅为医疗影像学奠定了坚实的基础，更为人类的健康事业带来了革命性的进步。然而这项先进的科技，其实已经问世100多年了。

穿透力极强的放射线

公元1895年是一个充满奇迹与发现的年份。在这一年，德国物理学家威廉·康拉德·伦琴进行阴极射线的研究时，意外地发现了一种射线。这种射线不同于我们日常所见的光线，它能够穿透普通光线无法穿透的物质，如黑纸、木板甚至几厘米厚的铝板。当伦琴第一次观察到这种射线时，他几乎无法相信自己的眼睛。他立刻意识到，这种神秘的未知射线可能蕴含着巨大的科学价值。

伦琴是一位勤奋而严谨的科学家，他深知任何科学发现都需要经过严格的验证。于是，他立即开始对这种射线进行深入研究。他利用各种材料和设备，进行了大量的实验和观察，发现这种射线不仅具有强大的穿透力，还具备一些特殊的性质，如能够使气体电离、使照相底片感光等。这些特性让伦琴更加坚信，这种射线将会为科学界带来一场革命。

在深入研究的过程中，伦琴逐渐意识到这种射线在医学领域的应用潜力。他想象着，如果能够将这种射线用于人体内部结构的成像，那么医生就能够更直观地了解患者的病情和病变情况。这将极大地提高医学诊断的准确性和效率，为患者带来更好的治疗效果。

伦琴给妻子拍了世界上第一张X光照片

伦琴尝试将 X 射线应用于医疗影像领域。他设计了一套简单的 X 射线成像系统，并邀请了他的妻子作为志愿者进行实验。公元 1895 年 12 月 22 日，这一历史性的时刻终于到来。伦琴成功地为他的妻子拍摄了世界上第一张 X 光照片。在这张照片上，人们可以清晰地看到她手部的骨骼结构，甚至还能看到她手上戴的一枚金属戒指。这一发现震惊了科学界，也为医疗影像学的发展开辟了新的道路。

第一张 X 光照片的诞生引起了广泛的关注和讨论。人们纷纷感叹于这种射线的神奇能力，同时也对它在医学领域的应用前景充满了期待。很快，X 射线成像技术开始在全球范围内得到广泛应用。医生利用这种技术检查患者的骨骼以及肺部、胃肠道等器官，发现了许多以前难以察觉的疾病和异常情况。这种非侵入性的检查方法不仅方便快捷，而且能够大大提高诊断的准确性和效率。

随着 X 射线成像技术的不断发展和完善，医疗影像学也逐渐成为一门独立的学科。人们开始研究如何利用 X 射线、超声波、磁共振等多种成像技术来更深入地了解人体内部的结构和功能。这些技术的发展不仅推动了医学诊断的进步，也为医学研究和教育提供了重要的支持。

历史小视界

X 射线成像技术并非医疗影像学的尽头。1946 年，哈佛大学的爱德华·米尔斯·珀塞尔与斯坦福大学的费利克斯·布洛赫携手揭示了核磁共振（MRI）这一非凡技术，他们的工作最终荣获了 1952 年的诺贝尔奖。时至今日，核磁共振技术已被广泛应用于物理探索、化学分析、材料革新以及医学诊断等多个关键领域，成为不可或缺的研究利器。它不仅帮助科学家更深入地理解物质的内在结构与性质，还在疾病诊断、药物研发等方面展现出巨大潜力，极大地促进了人类健康事业的发展。

放射物质镭曾被用作夜光涂料

公元1896年，法国物理学家安东尼·亨利·贝克勒尔发表了一篇工作报告，详细阐述了铀元素及其化合物能自动地、连续地放出一种肉眼看不见的射线。这一发现引起了居里夫人的极大兴趣，她决心揭开这种射线的秘密。经过艰苦的工作，居里夫妇发现了一种新的放射性元素"镭"。

镭有强烈的放射性，然而由于当时人们对于放射性研究的不足，镭在工业上被滥用，尤其是被用作夜光涂料，造成了著名的"镭女郎"放射性伤害事件。

发现镭的艰辛历程

居里夫人和她的丈夫皮埃尔·居里在研究铀的放射性时，意外地发现沥青铀矿的放射性比纯粹的氧化铀强很多，因此断定铀矿石除了铀之外还有放射性更强的元素。两人决定从沥青铀矿残渣中提炼。他们在破旧的实验室里，用简陋的工具夜以继日地研究。两人经历过数百次实验的失败，但居里夫人坚定地表示不会放弃。

经过近四年的努力，居里夫妇终于从成吨的矿渣中提炼出了 0.1 克之前未发现的新物质。这种物质具有极强的放射性，能在黑暗中发出略带蓝色的荧光，且会自动放热。居里夫人将它命名为"镭"，后来居里夫妇也因这项发现获得了诺贝尔物理学奖。

镭制夜光涂料曾大行其道

然而在镭元素被发现的初期，人们对其性质和应用并不完全了解。由于镭具有独特的发光性质，能够在黑暗中发出明亮的光芒，因此很快被用于制造夜光涂料，生产夜光表、夜光粉等产品。这些产品在当时受到了广泛的欢迎，因为它们能够在夜间发光，方便人们进行各种夜间活动。

随着镭元素在夜光涂料中的广泛应用，越来越多的工厂开始生产夜光产品。其中，美国的一家大型夜光手表工厂为了扩大生产规模，雇用了大量年轻的女孩来从事镭颜料的涂抹工作。

"镭女郎"的悲剧

镭是一种强放射性元素，其衰变过程中会释放出 α 射线和其他放射性粒子。这些射线能够穿透人体组织，破坏细胞结构，引发癌症等严重疾病。然而，在当时的科学水平下，人们并没有充分认识到镭的危害性。女工在没有任何防护措施的情况下，长期接触和使用含有镭的颜料。每个女工每天要涂数百个表盘，她们使用的是一种毛笔，需要经常用嘴唇或舌头把笔尖弄尖。这样一来，她们就不知不觉地吞下了大量的含镭颜料，导致她们的身体逐渐受到严重的辐射损伤。

没过多久，女工开始出现各种不适症状，如口腔溃疡、牙齿脱落、贫血等。然而，这些症状并没有引起足够的重视，她们也没有得到及时治疗。手表公司甚至还雇用一些医生和律师来掩盖真相。1925年，一位名叫格蕾丝·弗莱尔的女工联合其他四名女工开始了诉讼道路。那些受镭辐射伤害的女工也被称为"镭女郎"。但漫长的诉讼过程中，又有50多名类镭女工死在了镭辐射之下，直到1939年她们才打赢了官司。

历史小视界

1922年，第一位受到镭放射性伤害的女工莫莉·玛吉亚死于颈静脉的肿瘤。她当时被错误地诊断为死于梅毒。随后，越来越多的"镭女郎"相继死去。直到1925年，法医哈里森·马尔兰德开始对这些死去的女工进行尸检，发现她们的尸体还在发光，体内还有高浓度的镭。"镭女郎"事件堪称最早的放射性职业病案例，对核材料的使用规范以及劳动安全制度等产生了深远影响。

世界上第一部3D电影拍摄于1922年

当我们谈论起电影时，3D 电影是一个绕不开的话题，尤其是 2009 年《阿凡达》的热映更是掀起了 3D 电影（立体电影）的热潮，许多人认为这部电影开创了 3D 时代。虽然《阿凡达》确实掀起了 3D 电影的热潮，但它并非首部 3D 电影，而且 3D 电影出现的时间要早得多。

人类两只眼睛成像并不相同，早在公元 1839 年，英国科学家查理·惠斯顿爵士就根据这一原理发明了一种立体眼镜，这就是观看 3D 电影时要用的一种特殊眼镜。只是用它来看 3D 电影，要在这种眼镜发明后快一个世纪了。

《爱情的力量》里的"技术力量"

1922 年上映的《爱情的力量》不仅是观众所熟知的情感故事片，更是开创了电影技术新纪元的里程碑，它被誉为世界上第一部 3D 电影。然而，在这部电影背后，隐藏着许多鲜为人知的幕后故事。

20 世纪初，电影作为一种新兴的艺术形式正经历着飞速发展。但是当时的电影技术还相对原始，观众对于电影的期待也多停留在简单的故事叙述和画面呈现上。然而，一群富有创新精神的电影人却打破常规，开始探索如何为观众带来更加真实、立体的观影体验。

正是在这样的背景下，《爱情的力量》应运而生。该电影讲述了一段跨越阶级的爱情故事，相比于故事情节，更为引人注目的是它的创新之处。导演大胆地尝试了一种全新的电影技术，这种技术通过让观众的左眼和右眼分别看到不同的画面，从而达到在大脑中合成一个立体的视觉效果。为了达到这一效果，电影制作团队进行了大量的实验和探索。首先，他们使用了两台摄像机，分别模拟人眼的左右视角进行拍摄。然后，通过特殊的放映设备，将两台摄像机拍摄的画面同时投射到银幕上。观众在观看时需要佩戴特制的眼镜，以区分左右眼的画面。最终，这种技术成功地将立体效果呈现在观众面前，让观众仿佛真实地置身于电影的世界中。

3D电影探索史

尽管《爱情的力量》母带很早之前就已经遗失了，但其引领早期的3D电影探索浪潮这一事实依旧确凿。早期的3D电影常用指向观众的枪、扔向观众的物体等动态场景吸引观众。到了20世纪50年代，3D电影迎来了爆发。1952年讲述非洲探险的《非洲历险记》被认为是电影史上第一部真正的3D立体彩色电影，该片的口号"狮子在你腿上，爱人在你怀里"正是3D电影观影体验的真实写照。大导演希区柯克在1954年拍摄了3D版的《电话谋杀案》。1962年，我国的上海电影制片厂也拍摄了国内首部3D电影《魔术师的奇遇》。

此后数十年间，3D 电影一直在不断发展，但并未形成席卷全球的潮流，不过在 20 世纪 80 年代也迎来了一个小高潮：1982 年，迪士尼拍摄了短片《魔法之旅》，采用 CGI 技术与真人表演混合的方式，不仅打造出令人耳目一新的 3D 效果，也为电影拍摄开拓了一个新领域。

2004 年，第一部 IMAX3D 长片《极地特快》诞生，预示着 3D 电影时代的真正流行。3D 与 IMAX 的"超强组合"，终于造就了 3D 电影的黄金时代，《阿凡达》就是其中的代表。如今，3D 技术成为当代电影行业最常用的技术之一。

历史小视界

20 世纪二三十年代，经济大萧条促使公众对新兴娱乐形式——3D 电影产生浓厚兴趣，连电影先驱路易斯·卢米埃尔也尝试将经典之作《火车进站》转制为 3D 版本。1936 年，米高梅电影公司携手雅各布·莱温赛尔与约翰·诺林推出 Audioscopiks 系列短片，创新性地为观众分发红绿眼镜，引导观众体验前所未有的立体视觉效果，影片中的物体仿佛直扑观众而来，震撼人心，该作品还荣获奥斯卡最佳短片奖提名。这一成功激励米高梅于 1941 年推出《第三维度的凶手》，将弗兰肯斯坦的经典故事融入 3D 世界，成为当时罕见的 3D 叙事长片之一。

疟疾竟然曾被用来治疗梅毒

在人类医学发展史上，有一些治疗方法似乎与我们所认知的医学常识背道而驰，但却又在特定的历史背景下取得了显著成效，甚至改变了医学的进程。

在这些治疗方法中，用疟疾治疗梅毒的方法就颇具争议。采用这个颇为奇葩的治疗方法的医生朱利叶斯·瓦格纳－尧雷格，甚至还用此方法治疗麻痹性痴呆。最终在 1927 年，他因"对精神病治疗方法的发现，特别是以疟疾接种疗法治疗麻痹性痴呆"的杰出贡献而荣获诺贝尔生理学或医学奖。

"疟疾治疗梅毒"最终被证明是不行的

梅毒是一种由梅毒螺旋体引起的慢性、系统性的性传播疾病。它在历史上曾给人类带来了巨大的灾难，特别是在公元 19 世纪末和 20 世纪初，梅毒的流行给当时的社会带来严重的健康问题。由于梅毒螺旋体对抗生素的耐药性较强，传统的治疗方法，如使用水银等剧毒物质以毒攻毒往往效果不佳，且副作用极大。这使得梅毒患者承受着巨大的痛苦和折磨，甚至极易导致精神失常甚至死亡。

朱利叶斯·瓦格纳-尧雷格原本是一位奥地利的精神科医生，他在长期的临床实践中发现，梅毒患者在感染疟疾后，其梅毒症状竟然有所缓解。这一发现引起了他的极大兴趣，他开始深入研究疟疾与梅毒之间的关系。尧雷格发现，疟疾的发热症状能够激活人体的免疫系统，使得梅毒螺旋体受到抑制。

基于上述发现，尧雷格开始尝试用疟疾来治疗梅毒。他采用了一种被称为"疟原虫疗法"的方法，即人为地将疟疾的病原体——疟原虫注入患者体内，使其感染疟疾。然后，通过控制疟疾的发作频率和持续时间，使患者的免疫系统得到激活，从而抑制梅毒螺旋体在人体内的生长和繁殖。这种方法虽然看似荒谬，但在当时却很常用。

然而，这种方法也存在很大的风险。首先，疟疾本身是一种严重的疾病，可能导致患者残疾甚至死亡。其次，疟疾的发作过程会给患者带来极大的痛苦和折磨。因此，这种方法在实际应用中需要严格控制疟疾的发作频率和持续时间，以确保患者的安全。

由于疟疾治疗神经梅毒导致的死亡人数过多，这种疗法也逐渐被弃用，而青霉素等抗生素的发现和现代医学技术的发展，"对症下药"成为主流，"疟疾疗法"也彻底被放弃了。

从今天的科学角度来看，疟疾不过是通过持续发烧调动起人体免疫系统罢了，并不能从根本上清除梅毒螺旋体。在很长时间内"以毒攻毒"的疟原虫疗法被看成是"无所不能"的，"以疟疾接种疗法治疗麻痹性痴呆"甚至成为尧雷格获得诺贝尔奖的重要原因。但如今"疟疾疗法"的实际效果在医学界有很大争议，医学界已经普遍不再使用了。

历史小视界

在中国古代医学典籍中，梅毒这种疾病并未留下明确记载，李时珍的著作中也提及了"古方未载，且未见病例"的情况，反映了当时对此病认知的空白。至明末清初，随着中国与西方世界的贸易交流，梅毒这一外来疾病才开始悄然渗透中国。人们普遍认为中国的梅毒是于公元1505年由葡萄牙商人从广州传入的，在华南一带首先出现并蔓延开来。

用不锈钢制造的战斗机

在冷战的阴霾下，苏联的航空工业面临着一场前所未有的挑战。面对美国高空侦察机的频繁侵扰，苏联亟须一款能够捍卫领空的战斗机。在这样的背景下，米格设计局接到了一个艰巨的任务——设计一款能够超越美国 SR-71 侦察机（人称"黑鸟"）的高速截击机。

在当时的苏联，钛合金的制造工艺尚未被完全掌握，而且钛资源也相对有限。因此，工程师们只好采用不锈钢来制造可以超高速飞行、对抗高空侦察机的战斗机，没想到这无奈之下的替代方案竟然大获成功！

钛合金不够，不锈钢来凑

在接到任务后，米高扬设计局的工程师们迅速投入了紧张的研制工作。他们知道，要设计一款能够超越"黑鸟"的战斗机，首先必须解决耐高温材料的问题。"黑鸟"侦察机能够在极高的速度下飞行，这样会产生巨大的热量，使得飞机表面的温度极高。普通的铝合金材料在这样的高温下会迅速软化甚至熔化，因此必须找到一种能够承受高温的材料。

工程师们开始研究各种耐高温材料，首选就是钛合金。钛合金具有优异的耐高温性能，但是它的制造和加工技术相对复杂，成本也较高。于是苏联的工程师将目光转向了相对廉价的不锈钢，这是一种具有坚固、价廉、耐热、热胀冷缩率小、容易焊接等优点的材料。在航空工业中，不锈钢已经得到广泛应用。工程师们发现，虽然不锈钢的耐高温性能不如钛合金，但是在一定的温度范围内，它仍然能够保持较好的性能。而且，不锈钢的制造和加工技术相对简单，成本也较低。

大名鼎鼎的"狐蝠"米格-25战斗机

工程师们决定在米格-25战斗机上大量使用不锈钢材料。他们设计了一种特殊的不锈钢合金，通过调整合金的成分和使用热处理工艺，使其具有更好的耐高温性能。同时，他们还采用先进的焊接技术，将不锈钢部件牢固地连接在一起。

经过不懈的努力，米格-25战斗机的设计终于完成了。这款战斗机采用了不锈钢作为主要材料，机身、机翼等关键部位都使用了这种特殊的不锈钢合金。工程师们还采用了先进的空气动力学设计，使得米格-25战斗机在高速飞行时能够保持稳定的性能。

在试飞阶段，米格-25战斗机展现出了惊人的优势。它能够在极高的速度下飞行，而且机身表面能够承受极高的温度。工程师们对这款战斗机的表现感到非常满意。

不久之后，米格-25战斗机开始批量生产，并装备到苏联空军中。这款战斗机以其卓越的性能和坚固的机体赢得了士兵们的赞扬。在冷战期间，米格-25战斗机成为苏联空军的重要力量。

米格-25战斗机能够超高速飞行，除了坚固的机体外，还因为其拥有强大推力的引擎。它使用的R-15-300涡轮喷气发动机源自E-150型巡航导弹，这款发动机展现出了非凡的推力，使得米格-25战斗机成为世界上第一款能突破三马赫的高空高速战斗机。

历史趣闻

埃及艳后是蛇蝎美人还是智慧女王

　　"埃及艳后"克丽奥帕特拉七世，是古埃及托勒密王朝最后一位女法老。她于公元前69年出生于埃及的亚历山大城，父亲是托勒密十二世，母亲是奥帕特拉五世。埃及托勒密王朝深受古希腊文明影响，克丽奥帕特拉七世身上也有马其顿希腊人的血统，但她是王室成员中第一个学会埃及语的，并接受古埃及信仰和神灵。她的守护女神是伊西斯。在克丽奥帕特拉统治期间，她被认为是这位聪慧女神的在世化身。

　　克丽奥帕特拉以她的美貌、智慧和政治手腕闻名于世，她的传奇故事充满了政治斗争、爱情纠葛以及权力争夺，有的人认为她是美丽与邪恶并存的蛇蝎美人，而有的人则认为她是颇有政治能力的智慧女王。

结盟恺撒，成为女法老

　　公元前51年，古埃及法老托勒密十二世去世，根据父亲的遗嘱，克丽奥帕特拉与她的弟弟托勒密十三世共同执政。然而，两人之间的权力斗争很快便浮出水面。克丽奥帕特拉试图通过争取盟友的支持来巩固自己的地位，但托勒密十三世及其支持者却将她视为威胁，最终将她驱逐出宫廷。

公元前49年，克丽奥帕特拉在埃及的政治动荡中流亡。此时，庞培在和恺撒的争斗中落败，逃到埃及向托勒密十三世求助。然而托勒密十三世不愿意得罪强大的恺撒，在庞培上岸时命人袭杀了他。

公元前48年，恺撒率军登陆亚历山大港，随后宣布解决克丽奥帕特拉和托勒密十三世之间的争斗。据传，克丽奥帕特拉是在西西里人阿波罗多勒斯的帮助下，搭乘一艘小船悄悄靠近王宫……随后，她与恺撒发展出了一段著名的情人关系，这段关系在政治和军事上都为克丽奥帕特拉带来了巨大的利益。

在恺撒的支持下，克丽奥帕特拉成功重返埃及，并与其弟弟托勒密十三世展开权力斗争。这场斗争最终演变为内战，克丽奥帕特拉在罗马军队的帮助下击败了托勒密十三世，后者在战斗中被杀。此后，克丽奥帕特拉成为埃及的实际统治者，并巩固了自己的地位。

克丽奥帕特拉深知与罗马保持良好关系的重要性，她不仅利用自己的美貌和智慧赢得恺撒的青睐，还通过外交手段巩固了与罗马的联盟。在恺撒的支持下，克丽奥帕特拉得以加强中央集权，推行一系列改革措施，包括发展农业、改善民生、促进贸易以及支持文化艺术的繁荣。这些措施使得埃及在她的统治下达到了一个新的高度。

与安东尼的恋情

然而好景不长，公元前44年，恺撒在罗马遭到暗杀，克丽奥帕特拉失去了重要的盟友。在此之后，克丽奥帕特拉开始寻找新的盟友，并找到了罗马的另一位重要将领——马克·安东尼。

克丽奥帕特拉与安东尼之间的关系迅速升温，他们不仅结为夫妻，还共同策划了一系列政治和军事行动。安东尼甚至将罗马帝国的部分疆土赠予了她。然而，这段关系也引发了罗马内部的深刻矛盾，特别是安东尼与罗马元老院之间的紧张关系。

公元前31年，安东尼与克丽奥帕特拉的联军在亚克兴海战中遭遇了盖乌斯·屋大维（即后来的奥古斯都大帝）的罗马军队。这是一场决定性战役，安东尼和克丽奥帕特拉的联军最终战败。

安东尼在战败后选择了自杀（也有观点认为他死于屋大维的谋杀），这不仅是他个人命运的悲剧性终结，克丽奥帕特拉也失去了最后可以依靠的伙伴。

在安东尼死后，克丽奥帕特拉面临着罗马新领袖屋大维的严峻威胁。据传她曾想再次以自己的美貌拉拢屋大维，但是屋大维不为所动。因此，她选择以自杀的方式结束自己的生命。

据传统记载，克丽奥帕特拉选择被毒蛇"Aspis"（一种埃及眼镜蛇）咬死的方式来自杀。这种选择不仅符合她作为埃及女王的神秘和威严形象，也让她的死亡充满了戏剧性和悲剧色彩。她的死亡不仅是个人的悲剧，也标志着托勒密王朝的终结。

随着克丽奥帕特拉的死亡和埃及托勒密王朝的终结，埃及正式成为罗马帝国的一个行省。这一变化标志着东地中海地区政治格局的重大调整。克丽奥帕特拉的死亡虽然是一个悲剧，但她跌宕起伏的一生和她在历史上的地位却是不可忽视的。她作为一位女性统治者，在古埃及和古罗马两大文明之间扮演了重要角色，她的智慧和勇气、爱情和悲剧都成为历史上永恒的传奇。

历史小视界

　　尽管克丽奥帕特拉常被世人描绘为有倾国倾城之貌，但审视同时期的雕塑与绘画作品，不难发现其身形外貌或许并不符合现代审美标准。她显得较为矮小且肥胖，面容亦非普遍认知中的绝世容颜。关于她的美貌的盛传，或许更多地融入了后世对她的敬仰与浪漫化的想象。而深入探究她与恺撒和安东尼之间的关系，智慧的光芒或许才是更为关键的驱动力，超越了单纯的外貌魅力。

恺撒大帝曾是一位多产作家

盖乌斯·尤利乌斯·恺撒，史称恺撒大帝，他以卓越的军事才能、非凡的政治手腕和深邃的战略眼光，成为罗马帝国的奠基人。然而，鲜为人知的是，这位伟大的征服者，在闲暇之余，竟还隐藏着另一个身份——一位多产的作家。

优秀的政治天才兼作家

想象一下，在战争之余，恺撒大帝没有忙着打磨自己的佩剑，而是奋笔疾书，撰写自己的战争回忆录，这不免让人难以置信。恺撒大帝的文笔流畅，言辞犀利，他的作品涵盖了战争、政治评论、哲学探讨等多个领域。在《高卢战记》中，他不仅详细记录了征服高卢的壮阔历程，还巧妙地穿插了自己对战术策略的独到见解，使得这部作品成为军事史上的经典之作。而在恺撒大帝的政治评论中，他更是以犀利的笔触，剖析了罗马政治体制的利弊，这展现了他对权力与治理国家的深刻思考。

更为有趣的是，恺撒大帝在作品中还不时穿插一些幽默诙谐的段落，使得原本枯燥的历史叙述变得生动有趣。他的文字仿佛具有魔力，能够让读者穿越时空，亲历那些惊心动魄的历史瞬间。

然而，由于恺撒大帝的军事和政治成就太过耀眼，他的文学才华往往被世人所忽视。但无论如何，恺撒大帝作为一位多产作家的身份，无疑为他的传奇人生增添了更多的色彩和趣味。他的作品不仅为我们提供了宝贵的历史资料，更让我们看到了一个更加立体、真实的恺撒大帝。

《高卢战记》：恺撒大帝的征服史

在恺撒大帝创作的作品中，最著名的莫过于《高卢战记》，该书以简洁明晰的古典拉丁语写成，既是军事行动的实录，亦暗含政治意图。恺撒大帝通过详述与高卢各部族、日耳曼人及不列颠人的战役，展现了其军事才能与罗马军团的纪律性，旨在向元老院和罗马民众证明远征的正当性，巩固个人政治地位。书中对高卢地理、部落文化的记录（如宗教信仰、社会结构）为研究古代欧洲提供了珍贵史料，同时亦暴露出恺撒大帝对自身决策的美化倾向。

作为古典拉丁文学的典范，《高卢战记》叙事冷静克制，却暗藏修辞技巧。恺撒大帝巧妙地将扩张战争描绘为"防御性行动"，强调其为罗马消除蛮族威胁的功绩。尽管带有主观色彩，但其对行军路线、战术细节的精准描述，使之成为军事史研究的经典文本。该作不仅塑造了恺撒大帝"天才统帅"的公众形象，更深刻影响了后世对罗马帝国边疆扩张的认知，兼具历史文献价值与政治宣传功能。

除政治、军事才能外，恺撒大帝在文化层面也做出了重大贡献。公元前45年，恺撒大帝在希腊天文学家兼数学家索西琴尼的帮助下制定了儒略历，该历法以太阳年为基础，一年分为12个月，大小月交替，四年一闰，平年365天，闰年366天。儒略历的制定结束了罗马历法的混乱和不准确，为罗马帝国的统治和发展提供了便利，并逐渐成为罗马帝国的官方历法，影响了欧洲和世界其他地区，直到公元16世纪被格里历所取代。儒略历的制定是恺撒大帝的重要功绩之一。

埃尔福特粪坑惨案

在公元12世纪的欧洲，神圣罗马帝国如同一座巍峨的堡垒屹立在欧洲大陆的中心。然而，这座城堡的基石并非坚不可摧。在霍亨斯陶芬王朝的统治之下，帝国的疆域虽然辽阔，但内部纷争却如同瘟疫般不断侵蚀着这个庞大的帝国。领地纠纷成为当时政局中挥之不去的阴影，如同一场无休无止的噩梦。

为了解决内部纷争，德意志国王亨利六世召集贵族在埃尔福特城堡开会。然而他却"好心办了坏事"，会议中出现了著名的"埃尔福特粪坑惨案"，许多贵族意外跌入粪坑而亡……

领地争夺掩盖下的暗流涌动

公元1180年，神圣罗马帝国的皇帝腓特烈一世凭借他卓越的军事才能和坚定的政治决心，成功击败了国内的反对派诸侯。为了巩固自己的统治地位，他采取了一种看似聪明的政策：赐予领主们扩张领地的权力。这一政策在表面上暂时平息了国内的纷争，领主们为了拓展新的领地而暂时放弃了彼此争斗。然而，正如一句古老的谚语所说，"欲速则不达"，腓特烈一世的这一政策也为未来的领地纠纷埋下了巨大的隐患。

东法兰克国王康拉德一世作为美因茨地区的最高领袖，自然也是这次领地扩张的受益者之一。他利用自己的地位和影响力，在战略要地建立起坚固的要塞，试图扩大自己的势力范围。然而，他的这一举动却激化了与图林根的方伯路易三世之间的矛盾。路易三世作为图林根地区的领主，自然不会坐视自己的领地被他人侵占。于是，两位领主之间的争执逐渐升级，最终演变成一场难以调和的领地纠纷。

埃尔福特城堡下的秘密和平协议

面对这场愈演愈烈的纠纷，年轻的德意志国王亨利六世深感忧虑。他深知，如果任由这场纠纷继续发展下去，将会对帝国的稳定造成严重的威胁。于是，他决定亲自出面调解这场纷争。他召集了全国各地的贵族，包括康拉德一世和路易三世在内，共同前往埃尔福特的彼得斯贝格城堡，举行一次重要的宫廷会议。

埃尔福特的彼得斯贝格城堡，作为当时欧洲最著名的城堡之一，以其雄伟壮观的建筑和优越的地理位置闻名于世。亨利六世希望在这里能够探讨出一个公正的解决方案，让两位领主握手言和，从而维护帝国的稳定。

会议当天，贵族们纷纷来到城堡。他们穿着华丽的服饰，佩戴着贵重的珠宝，在城堡的主教宅邸中聚集一堂。亨利六世站在高台之上，环视着下方的贵族们，心中充满了期待。他相信，只要大家能够坦诚相待、公正协商，就一定能够找到一个圆满的解决方案。

粪坑吞噬了贵族的生命与和平的希望

然而，就在会议进行得如火如荼之际，突然之间，地板在他们的重压之下塌陷了。与会者们瞬间失去平衡，纷纷跌落到一楼。更糟糕的是，一楼的地板也未能承受住如此巨大的冲击力，再次坍塌。贵族们惊恐地发现自己竟然跌入了一个巨大的粪坑中。这个粪坑是城堡的厕所部分，由于城堡的卫生条件有限，厕所的粪便并没有得到及时处理，而是堆积在这个粪坑中。

当贵族们跌入粪坑时，他们被陈年的粪便淹没，遭受了极大的痛苦。他们挣扎着想要爬出粪坑，但由于粪坑中充满了沼气和其他有毒气体，许多人因窒息而死亡。还有一些人试图抓住周围的物体以保持平衡，但最终还是无法逃脱这场悲剧。

据历史记载，这场悲剧导致了 60 至 100 人的死亡，其中包括一些地位显赫的贵族和官员。他们的死亡给帝国带来了巨大的损失，也让亨利六世的努力调解化为泡影。施瓦茨堡伯爵亨利也在这场灾难中丧生，据说他有一句口头禅"如果我错了，就让我死在屎里"，没想到这句话竟然一语成谶。

历史小视界

神圣罗马帝国采用了一种独特的、颇具中世纪色彩的治理模式。此时期，神圣罗马帝国的皇帝的权威相对薄弱，权力分散于遍布各地的众多领主之中，这些领主总数超过三百人，形成了一种高度分权的状态。法国思想家伏尔泰曾指出："（神圣罗马帝国）既不神圣，亦非罗马，更不是帝国。"这番话深刻揭示了神圣罗马帝国统治结构分散的本质。

扑克牌曾被作为流通货币使用

　　扑克牌作为一种深受人们喜爱的娱乐工具，其起源和演变历程丰富多彩。在历史的某个阶段，扑克牌甚至曾短暂地充当过流通货币的角色。要追溯扑克牌作为流通货币的历史，我们首先得回到公元 15 世纪的欧洲。

　　当时，扑克牌作为一种新兴的游戏道具，在贵族和商人之间广泛流行。这些扑克牌制作精美，上面绘制着各种图案和人物，不仅具有娱乐性，还具有一定的收藏价值。正因如此，在特定的时间和地域，扑克牌成为一种替代货币。在公元 17 世纪，扑克牌甚至还充当过法兰西王国的殖民地"新法兰西"的官方货币。

扑克牌竟然也可以算钱

　　在公元 15 世纪的欧洲，扑克牌逐渐渗透到社会的各个阶层。特别是在一些边远的地区，由于交通不便和货币流通不畅，人们开始尝试使用扑克牌作为交易的媒介。这些地区往往经济落后，货币体系不完善，而扑克牌由于其独特的属性和普遍的认知度，成为一种可行的替代货币。

具体来说，人们会将扑克牌按照其面值进行划分，例如将一张"A"视为具有一定的货币价值，然后根据需要进行交易。这种方式虽然简单，但在当时却有效地解决了交易中的一些现实问题。例如，在缺乏现金的情况下，人们可以用扑克牌来购买商品或服务；在债务纠纷中，也可以用扑克牌来作为偿还债务的手段。

扑克牌竟然也可以成为官方货币

公元 1685 年，法兰西王国在北美洲的领地新法兰西（现在的加拿大和美国东部部分地区），由于经济发展相对较慢，当地的居民没有足够的货币来进行交易。面临货币紧缺的情况，法国当局想起了在欧洲流行的扑克牌，在当时被认为是有价值的物品，于是决定将扑克牌作为官方认可的临时替代货币，方便当地居民进行交换和购买。

无论是欧洲还是殖民地，这种使用扑克牌作为流通货币的现象在某些地区持续了相当长的一段时间。它不仅改善了当地经济的发展状况，也丰富了人们的生活。然而，随着货币体系的不断完善和交通条件的改善，扑克牌作为流通货币的功能逐渐减弱直至消失。

在这个过程中，有几个因素起到了关键的作用。首先，随着货币的普及和流通，人们逐渐习惯了使用正式的货币进行交易。相比之下，扑克牌作为货币的价值并不稳定，容易受到各种因素的影响而波动。其次，随着交通条件的改善，商品和货币的流通变得更加便捷，人们不再需要依赖扑克牌这种替代货币来进行交易。最后，随着经济的发展和社会的进步，人们对货币的需求也变得更加多样化和复杂化，扑克牌这种简单的替代货币已经无法满足人们的需求。

扑克牌不仅能作为临时货币流通，在第二次世界大战期间，它还被用来营救战俘。1944 年年末，美国扑克牌公司利用自己的"自行车牌"扑克，借助红十字会成员的帮助，向在德国萨克森地区寇蒂兹城堡的盟军战俘传递出逃情报。具体做法是，在扑克牌内部嵌入隐蔽的逃生路线图，战俘们通过简单的水浸法便能分离出这些夹层，进而组合成详尽的逃脱指引图。如今，在美国华盛顿的国际间谍博物馆内，保存有一包密封完好的地图扑克牌以及六张显示其内部地图的梅花牌。美国扑克牌公司还曾推出限定版的复刻地图扑克牌，顾客可自己动手拼凑出完整的逃生地图。

扑克牌上的人物都有历史原型

扑克牌是一种流行的游戏纸牌，常用于玩各种扑克游戏。关于扑克牌的起源有多种说法，其中一种认为它起源于公元 12 世纪至公元 13 世纪的中国，最初称为"叶子戏"，由唐代天文学家张遂发明，或由秦末楚汉相争时期的韩信发明。另一种说法认为，世界上第一副扑克牌是埃及人在公元 1300 年发明的。随着马可·波罗的旅行，扑克牌逐渐传到欧洲，并发展成为现代的扑克牌。

如今世界上最通行的扑克牌，有十分固定的样式，尤其是 J、Q、K 组成的 12 张牌上的人物更是如此。实际上，扑克牌上面刻画的人物都是有历史人物原型的，并非随便设计。下面将按照 J、Q、K 的顺序详细介绍这些人物的历史原型和相关的历史故事。

武士（Jack，J）

黑桃 J——奥吉尔。查理曼大帝的贴身侍卫之一，丹麦王子。他在扑克牌中常被描绘为一位英勇的骑士。

红桃 J——拉海尔。英法百年战争中的法国指挥官，圣女贞德的战友。他在扑克牌中常被描绘为一位手持战斧或绶带的武士。

梅花 J——兰斯洛特。亚瑟王圆桌骑士中的第一勇士。他勇敢强大且乐于助人，但因与王后的恋情而导致了圆桌骑士散伙。在扑克牌中，他常被描绘为手持剑刃或箭矢的武士。

方片 J：一说是赫克托尔，特洛伊王子和第一勇士；另一说是罗兰，查理曼大帝的侍从。在扑克牌中，方片 J 的人物形象可能因地区或版本的不同而有所差异。

王后（Queen, Q）

黑桃 Q——雅典娜。古希腊神话中的智慧与战争女神，是四张 Q 中唯一手持武器的形象。她是众神之王宙斯和智慧之神墨提斯的女儿。在扑克牌中，黑桃 Q 的人物形象常手持长矛或盾牌，象征其智慧和勇武。

红桃 Q——朱蒂斯。出自《圣经·旧约》的美丽寡妇。她以美人计诱杀了敌军统帅，拯救了以色列人。在扑克牌中，红桃 Q 的人物形象常手持四叶草或花朵，象征其幸运和美丽。

梅花 Q——阿金妮。并非真实存在的人物，而是由英文单词"Regina"（女王）的字母重新组合而成。她象征着英国玫瑰战争中的和平与和解。在扑克牌中，梅花 Q 的人物形象常手持红白双色的玫瑰。

方片 Q——拉结。以色列先祖雅各的妻子，她是一位勤劳又美丽的年轻女子。在扑克牌中，方片 Q 的人物形象常手持花束或果实，象征其良好的品质与美丽的外貌。

国王（King，K）

黑桃 K——大卫王。大卫是以色列联合王国的第二任国王，生活在前 1000 年左右。他不仅是一位雄才大略的国王，还是一位文艺青年，擅长弹竖琴。在扑克牌中，黑桃 K 的人物形象常手持竖琴。

红桃 K——查理大帝。查理大帝创建了查理曼帝国，为后世法、德、意三国奠定了基础。在扑克牌中，红桃 K 的人物形象通常没有胡子，这是因为在雕刻其像时工匠不小心刮掉了他的胡子。

梅花 K——亚历山大大帝。马其顿王国的国王，西方历史上著名的征服者。他带领马其顿军团横扫中东、占领埃及、吞并波斯帝国，建立了庞大的亚历山大帝国。在扑克牌中，梅花 K 的人物形象常手持珠宝，象征其征服的财富。

方片 K——恺撒大帝。罗马共和国的杰出军事统帅，罗马帝国的奠基者。他通过一系列战争和政治手段，集军政大权于一身，成为罗马共和国的独裁官。在扑克牌中，方片 K 的人物形象常手持战斧，象征其权威和力量。

历史小视界

在哈格拉维的著作《扑克牌历史》中，记载了一则哥伦布的探险趣闻。哥伦布及其船员在浩瀚无垠的海域航行时，偶遇猛烈风暴，恐慌之下，他们竟将心爱的扑克牌抛入波涛中，以此寻求慰藉。抵达新大陆后，他们回想起这个冲动之举，深感懊悔，便就地取材，利用当地树叶精心制作了扑克牌，这种新颖的娱乐方式意外地激起了印第安人的浓厚兴趣，成为他们互相交流的有利工具。

万国博览会"最佳展品"竟然是场馆

在公元 19 世纪中叶的欧洲，工业革命正如火如荼地进行着，英国作为这场革命的先驱，正迎来其鼎盛时期。在这个充满变革与创新的年代，一场前所未有的盛会在公元 1851 年拉开帷幕——万国工业博览会，也被称为第一届世界博览会。为了办好这场盛会，英国建造了一座晶莹别透的水晶宫作为主场馆。

随着时间推移，伦敦万国工业博览会的展品对人们而言已经非常陌生，反倒是那座由水晶和钢铁构成的梦幻宫殿被传为佳话，成了伦敦万国工业博览会中最成功的"展品"。当然，这座在当时看起来非常新颖的建筑，本身就是工业革命后英国先进的工业技术成果。

最耀眼的"展品"——水晶宫

公元 1849 年，英国皇家艺术协会的一间会议室内，一群身着华丽服饰的绅士们正在热烈讨论。他们的话题是举办一场前所未有的国际展览会，以展示英国工业革命的成果和强盛的国力。经过数月的筹备和讨论，这个大胆的计划终于得到了维多利亚女王的批准。

女王陛下亲自下令，要求这场展览会必须体现英国工业的辉煌成就。她挑选了海德公园这片广阔的绿地作为展览会的场地，并授权皇家艺术协会全权负责筹备工作。于是，一场史无前例的盛会开始紧锣密鼓地筹备起来。

为了搭建展览会的主体建筑，皇家艺术协会邀请了著名的园艺师和建筑师约瑟夫·帕克斯顿。帕克斯顿在设计上大胆创新，他摒弃了传统的石材和木材，而是选择了钢和玻璃这两种新材料。经过数月的辛勤努力，一座名为"水晶宫"的宏伟建筑在海德公园内拔地而起。这座建筑晶莹剔透的外观在阳光下熠熠生辉，宛如一座由水晶和钢铁构成的梦幻宫殿。

工业革命成果大展示

公元 1851 年 5 月 1 日，当阳光洒在海德公园时，第一届世界博览会正式拉开帷幕。来自世界各地的游客和参展商们纷纷涌入水晶宫，为这座壮丽而精致的宏伟建筑惊叹不已。在水晶宫内，各国展出的工业产品、艺术品和科学发明琳琅满目，令人目不暇接。

英国展区展示了英国强大的工业实力和科技成果，蒸汽机、纺织机、铁路设备等展品吸引了众多观众驻足观看。法国展区则以精美的艺术品和时尚的服饰赢得了观众的赞誉。此外，美国、德国、俄罗斯等国家也带来了各自独特的展品和特色文化，让游客们领略了不同国家的风采和魅力。

除了各国展区的展品外，水晶宫内还举办了一系列的文化活动和学术讲座。科学家们在此交流最新的研究成果和技术进展，艺术家们则展示了他们的才华和创意。这些活动不仅丰富了游客们的参观体验，也促进了国际间的科学文化交流与合作。

然而，英国天气多变，在博览会期间，天气变幻莫测，时而晴空万里，时而阴雨连绵。但水晶宫凭借其坚固的结构和出色的设计，经受住了大自然的考验。在为期 23 周的展览期间，超过 600 万人次的游客参观了水晶宫和各国展区。他们被英国工业的辉煌和多样性所震撼，也被各国文化的独特魅力所吸引。

历史小视界

随着博览会的落幕，水晶宫也被拆除并重新安置在伦敦南区的塞登哈姆，并放大尺寸后重新建造。然而到了 80 多年后的 1936 年 11 月 30 日，一场火灾吞噬了美丽的水晶宫，整座建筑付之一炬。据说丘吉尔在水晶宫被毁后表示："这是一个时代的终点。"而当时，英国确实不复往日举办万国工业博览会时的辉煌。

圣家堂跨越三个世纪还没有完工

在西班牙巴塞罗那，一座名为圣家族大教堂（简称"圣家堂"）的宏伟建筑矗立于此。这座教堂不仅是巴塞罗那的骄傲，更是世界建筑史上的奇迹，而它直到现在还是一座未完工便已成传奇的建筑，其背后的故事充满了传奇与艰辛，承载着无数人的梦想与执着。

这座传奇建筑是由西班牙大名鼎鼎的建筑师安东尼奥·高迪设计的，古埃尔公园、米拉公寓、巴特罗公寓这些著名建筑都是出自他之手。据统计，高迪设计的建筑中有 7 项被联合国教科文组织列为世界文化遗产。其中，圣家堂从高迪接手设计后，至今没有竣工，而在 1926 年高迪去世时，这座建筑仅完工了 1/4。在高迪去世后，其建造进度一拖再拖，高塔和教堂的大部分结构本预计在高迪逝世的 100 周年纪念之时的 2026 年完工，如今也被宣布无法实现，其装饰工作更要往后推迟……

圣家堂成为高迪晚年的巅峰之作

公元 19 世纪末期，巴塞罗那书商约瑟夫·玛利亚·博卡贝拉在访问梵蒂冈后，深受其宗教氛围感染，决定在巴塞罗那仿照洛雷托教堂建造一座教堂。公元1874年，博卡贝拉成立"圣徒约瑟夫崇敬会"，开始宣传筹备建设圣家族大教堂。

公元1882年，在多方捐赠下，崇敬会买下了12多万平方米的土地，准备开始教堂的建设。

最初，教堂的设计由保罗·维拉负责，他计划建造一座标准的哥特式教堂。然而，由于与崇敬会产生分歧，维拉退出了项目，并推荐了当时年仅31岁的年轻建筑师安东尼奥·高迪接手。

高迪接手后，对教堂原有的设计进行了彻底的调整。他将自己的建筑设计风格、哥特式风格和新艺术运动风格融合在一起，创造出这座独一无二的不对称的哥特式教堂。教堂的立面为不规则多柱形，主体结构由五座殿堂和三座侧翼殿堂组成，平面呈矩形。高迪的设计充满了创意和想象力，使得这座教堂在外观上看起来既神秘又庄严。

高迪将他的晚年生活全部投入到了教堂的建设中。他亲自设计绘制了整个建筑形体、建筑平面、各殿室内设计、整个教堂南北向的长剖面、"诞生立面"等图纸。高迪构思了教堂三个主立面的想法，并亲自主持完成了后殿立面、"诞生立面"、象征十二圣徒的钟塔以及门窗等部分的建造工作。然而，由于资金短缺和技术难题，教堂的建设进展缓慢。尽管如此，高迪依然坚持不懈地推进工程，但直到他1926年去世时，教堂仅完工不到1/4。

跨越三个世纪的等待

高迪去世后，教堂的建设并没有停止。在他的学生多明尼克·苏格拉内的指导下，建设继续进行。然而，由于西班牙内战（1936年—1939年）的爆发，教堂的建设被迫中断。西班牙内战期间，大教堂未完成的部分以及高迪的设计和工作室遭到破坏。

西班牙内战结束后，先后有几位建筑师加入了大教堂的建设队伍。他们继续按照高迪的原始设计进行建设，但是进程依然十分缓慢。一直到21世纪后，教堂的建设才进入一个新的阶段，进程明显加快。2000年，中央中殿拱顶完工；2006年，主要的开发重点是主尖塔的支撑、交叉结构以及中央中殿的南围墙；2010年，建设进程近半；2021年年底，圣家族大教堂圣母楼完工，塔顶的十二角星照亮了城市夜空……

然而，教堂的建设也面临着诸多挑战。由于教堂建设资金主要依靠个人捐赠和门票收入，资金问题一直阻碍着教堂的建设进程。此外，教堂的建设还引来了社会争议和质疑。有人质疑高迪的设计；有人质疑高迪去世后的建设可能违背了高迪的设计意图；有人担心西班牙与法国间高速铁路地下隧道的建设可能会影响教堂的稳定性等。然而，这些挑战并没有阻挡教堂的建设进程。

如今，圣家族大教堂在跨越三个世纪后，终于看到了竣工的曙光。

历史小视界

圣家族大教堂矗立着三大独特立面，分别朝向东、西、南三方。东方的"降生之门"，完成于1935年，它的壮丽身姿深刻体现了高迪风格的精髓。西侧的"苦难之门"，则依据高迪于1917年绘制的创意蓝图，于1954年奠基，历经20多年至1976年竣工，其风貌质朴而沧桑，塔顶十字架上的耶稣受难像，透露出无尽的疲惫与牺牲精神，这种富有争议的设计出自雕塑大师约瑟·苏维拉齐斯之手。

南向尚在建设中的"荣光之门"，将成为三者中规模最大的部分，它主要描绘耶稣升天的景象。此立面不仅将展现天堂的景象，还将细腻描绘地狱、炼狱的复杂场景，以及融入七宗罪与七美德的深刻寓意，为教堂增添更丰富的宗教内涵与象征意义。

爱迪生与特斯拉因为"电"交恶

　　爱迪生与特斯拉作为公元 19 世纪最著名的两位科学家，他们对电气工程领域做出了卓越的贡献，但两人因理念和技术路线的不同而产生了激烈的竞争，最终走向决裂。

　　爱迪生是美国杰出的发明家和企业家，他被誉为"世界发明大王"。在爱迪生的众多发明中，改进电灯无疑是最为人所熟知的。爱迪生还发明了直流电系统，并建立了相关的电力输送和分配网络，使得电灯能够广泛应用于家庭、工厂、街道等各个领域。他的这些发明不仅改变了人们的生活方式，也推动了电力工业的发展。他创办的爱迪生电灯公司，在和汤姆森－休斯敦电气公司合并后，发展成大名鼎鼎的通用电气公司。可以说，爱迪生为世界用电事业做出了卓越贡献。然而，这位电业大佬却也因为电的问题和另一位后辈特斯拉决裂而饱受争议。

两位电业天才的相遇

　　尼古拉·特斯拉是一位发明家，据说，他拥有的独立专利就有 700

多项。与此同时，他还是物理学家、机械工程师、电气工程师，尤其在无线电领域的成就极为突出。磁密度单位就是以他的名字命名的，以纪念他在科学上的贡献。

公元1884年，年轻的尼古拉·特斯拉是爱迪生电灯公司巴黎分公司的工程师，他怀揣着对电力技术的无限憧憬，从欧洲漂洋过海来到美国投奔爱迪生。他带着一封来自雇主查尔斯·巴奇勒的推荐信，巴奇勒在信中说："我知道有两个伟大的人，一个是你，另一个就是这个年轻人。"

刚开始，爱迪生对特斯拉的才华表现出了极大的赞赏，决定给予他一次展示自己的机会，让他改良直流发电机。特斯拉欣然接受了这项挑战，加入了爱迪生的团队。在爱迪生电灯公司，特斯拉展现出了惊人的才华和创造力。他对于电力的理解远超常人，对于直流发电机的改良也取得了显著的成果。

"直流电"与"交流电"的交锋

然而，随着时间的推移，特斯拉逐渐发现，爱迪生并非他想象中的理想合作伙伴。在商业上，爱迪生普遍被认为是一个无利不图的商人。他对于特斯拉的改良成果表示赞赏，但并未按照承诺支付相应的酬劳。而且在电力领域，特斯拉和爱迪生之间存在着明显的理念分歧。

特斯拉坚信交流电是未来电力发展的方向，因为它在配送电的效率上更高，能够有效降低成本，而且比直流电输送的距离更远。然而，爱迪生却坚决反对交流电的发展，他认为交流电电压高、危险系数大，不适合用于电力输送。这种理念上的分歧使得两人之间的矛盾逐渐加深。

特斯拉试图向爱迪生解释交流电的优势和潜力，但爱迪生却对此嗤之以鼻。他认为自己的直流电系统已经足够成熟和稳定。特斯拉的坚持和执着并没有打动爱迪生，反而让他更加坚定了自己的立场。这种理念上的冲突让特斯拉感到无法容忍，和爱迪生的合作也走到了尽头。

特斯拉"交流电"的艰难胜利

在多次交涉无果后，特斯拉决定离开爱迪生电灯公司，自立门户。公元 1886 年，他带着自己的技术和理念，与一群投资者一起成立了一家公司，推销他的弧光灯和交流电技术。特斯拉的弧光灯在技术上具有较大的优势，能够发出更明亮、更稳定的光线，而且比爱迪生的直流电灯泡更加节能。

特斯拉坚信交流电是未来电力发展的方向，开始积极推广这一技术。随着交流电技术的不断发展，特斯拉的公司在市场上取得了良好的反响。越来越多的城市和工厂开始采用交流电系统，取代了原有的直流电系统。这引起了爱迪生极大的不满和嫉妒。他开始利用自己的影响力和商业手段，对特斯拉进行打压。

爱迪生试图通过法律手段阻止特斯拉的交流电技术进入市场。他雇用了一批律师和专利代理人，对特斯拉的专利进行质疑和挑战。同时，他还利用自己的媒体资源，大肆宣传交流电的危险之处，甚至雇佣小学生进行危险的交流电实验，以达到抹黑交流电的目的。

然而，特斯拉并未被这些困难所击倒。他坚持自己的信念和理想，继续推广交流电技术。他通过一系列的实验和演示，证明了交流电技术的优越性和可靠性。他的坚持和执着逐渐赢得了人们的认可和支持，交流电技术也逐渐成为电力工业的主流。

特斯拉最终赢得了"电流之战"，他的许多科学发现颇具开创性。然而，这位电力工程学的先驱在商业上并不成功，不仅没有赚到足够的财富，到了晚年甚至独居于纽约的旅馆中，由于举止怪异，特斯拉被称为"疯狂科学家"。1943年，一代传奇人物特斯拉因心脏衰竭在旅馆中孤独地逝世了。

历史小视界

1901年，特斯拉想要在长岛建塔进行无线传输实验，获得投资人摩根的15万美元资助，建立了著名的沃登克里弗塔用于实验。然而同年年底，由于马可尼先他一步完成跨大西洋无线电传输，摩根停止了对特斯拉的资助。特斯拉随后陷入财政危机，1912年更被判赔偿2.35万美元，实验设备被没收，沃登克里弗塔也被拆除。

毕加索通过绘画控诉纳粹德国的罪行

　　毕加索是20世纪最著名和最有影响力的艺术家之一，他的作品对于现代艺术的发展产生了深远的影响。他不仅是立体主义运动的先驱，还对其他艺术领域如雕塑、版画、舞台设计等产生了重要影响。

　　毕加索的主要创作题材包括女性形象、日常生活场景等，另外还有政治和社会事件。著名的《格尔尼卡》便是其中的典型代表，这幅作品以纳粹德国空军轰炸西班牙小镇格尔尼卡为背景，谴责纳粹德国滥杀无辜的行为。这是在第二次世界大战前，控诉纳粹分子暴行最著名的艺术作品之一。

纳粹德国轰炸格尔尼卡

　　1937年的西班牙是分裂和动荡的。这一年弗朗西斯科·佛朗哥领导西班牙国民军，在德国与意大利法西斯的支持下，与由广泛社会阶层组成的共和政府军及人民阵线左翼联盟展开了一场关乎国家命运与未来走向的战争。

这场内战，不仅是一场军事上的较量，更是两种截然不同的政治路线的直接碰撞。一方是佛朗哥所代表的独裁与法西斯主义倾向，试图通过暴力手段镇压一切异见与反抗者，建立法西斯独裁统治；另一方则是共和政府及其支持者，他们代表着进步与自由，渴望建立一个更加平等、公正的社会。纳粹德国站在佛朗哥一方，甚至直接出兵干涉西班牙内战。就在这个过程中，纳粹德国的空军轰炸了格尔尼卡……

当时希特勒统治下的德国已经成为第二次世界大战的策源地，他的野心并不局限于德国本土，他不仅渴望征服整个欧洲，甚至妄图征服全世界。德国秃鹰军团作为纳粹在西班牙的先锋部队，其每一次军事行动都充满了暴力与残忍。1937年4月26日，当纳粹的轰炸机轰鸣着掠过格尔尼卡小镇的天空，投下那致命的炸弹时，整个小镇的时间仿佛凝固，一切都定格在了那恐怖的一刻。

格尔尼卡，这个曾经宁静祥和的小镇，瞬间变成了人间炼狱。爆炸产生的冲击波撕裂了空气，震碎了房屋，也毁灭了小镇居民对生活的所有美好憧憬。浓烟与火光交织成一片，将天空染成了血红色。无辜的平民在绝望中四处逃散，他们的哭喊声、求救声与轰炸声混杂在一起。在这场浩劫中，生命变得如此脆弱，仿佛随时都会消逝在爆炸的余波之中。

来自毕加索的控诉

格尔尼卡轰炸事件让全世界看到了纳粹德国的残暴与无情。毕加索以其敏锐的洞察力和同情心，第一时间感受到了格尔尼卡所遭受的苦难。他深知，艺术不仅是美的追求与表达，更是一种社会责任与道德担当的体现。在这个关键时刻，他拿起了画笔，决定用自己的方式去控诉这场暴行。

《格尔尼卡》这幅作品，是毕加索艺术生涯中的一座里程碑。它以独特的构图、强烈的色彩对比和扭曲变形的形象，生动再现了格尔尼卡轰炸的惨烈场景。画面中，破碎的身体、扭曲的四肢、哀号的面庞与熊熊燃烧的火焰交织在一起，形成了一种强烈的视觉冲击力。这些形象不仅仅是对格尔尼卡轰炸事件的直接再现，更是对战争本质、人性扭曲以及暴力行为的无情揭露与批判。

在《格尔尼卡》中，毕加索巧妙地将立体主义的技法与表现主义的手法相结合，创造出了一种既真实又超现实的艺术效果。他打破了传统绘画的透视法则与空间布局，将不同时间与空间中的元素融合在一起，形成了一种混乱而有力的视觉语言。这种语言不仅表达了毕加索对格尔尼卡轰炸事件的愤怒与悲痛之情，也传递了他对战争暴力的深刻反思与批判。

历史小视界

美国作家罗伯特·韦斯伯格经研究后还原了毕加索创作《格尔尼卡》的过程。1937 年 5 月 1 日，毕加索画出了《格尔尼卡》的第一张草图。他的最后一张草图则完成于 6 月 4 日。这些草图大体分为两类，第一类是关于结构安排的，有 7 幅；第二类是绘画中的角色，以单独或小组形式呈现。《格尔尼卡》的正式创作大约在 1937 年 5 月 11 日，成品在 6 月初就完成展出了。

《格尔尼卡》这幅画曾长期存放在纽约现代艺术博物馆。直到佛朗哥独裁统治结束数年后的 1981 年，才回到马德里国家索菲亚王后艺术博物馆。

第一个登上太空的生物是只小狗

　　人类对太空的探索是一个漫长而激动人心的历程，从最初的天文观测到如今的载人航天、无人探测器、太空望远镜以及商业太空旅游等多元化探索方式，都证明人类正在不断拓宽着对宇宙的认知边界。

　　冷战时期，美国和苏联为了争夺航天实力的地位展开了激烈竞争，掀起了一场延续数十年的宏大"太空竞赛"。在初期，苏联先是在1957年发射了人类第一颗人造卫星"斯普特尼克1号"，随后又在1961年完成了人类历史上第一次载人航天飞行，尤里·加加林成为首次进入太空的人，使得苏联再次打败美国。不过鲜为人知的是，一只叫作"莱卡"的小狗比加加林更早进入太空。

将小狗送上太空

　　在苏联成功发射人类第一颗人造卫星后，美苏在载人航天领域的竞争更加激烈。然而在当时，载人航天充满了未知和危险，实在难以一步到位。于是在这项宏大的计划中，一只名叫莱卡的小狗意外地成为历史的见证者。莱卡原本是一只普通的流浪狗，生活在莫斯科的街头。然而，它的命运在某一天被彻底改变。苏联的科学家们正在为即将进行的太空实验寻找合适的动物试验品，他们需要在极端环境下测试生命体的生存能力。经过严格的筛选和训练，莱卡因其出色的适应能力和稳定的性格被选中，成为这项实验的"主角"。

在准备阶段，莱卡接受了严格的训练。科学家们为它设计了专门的太空服，以保证它在太空中的生命安全。同时，他们还进行了多次模拟实验，以确保莱卡能够适应太空环境的极端条件。虽然莱卡无法理解这些复杂的科学实验，但它却表现出了惊人的勇气和毅力，成为科学家们的得力助手。

1957 年 11 月 3 日，搭载着莱卡的太空舱在苏联的拜科努尔航天发射场成功升空。这是人类历史上第一次将生物送入太空的实验，也是莱卡成为第一个进入太空的生物的辉煌时刻。

在太空舱中，莱卡度过了短暂而惊心动魄的旅程。虽然科学家们已经尽可能地模拟了太空环境，但太空中的极端条件仍然超出了他们的想象。莱卡不仅要面对失重、辐射等极端条件，还要承受孤独和恐惧的折磨。然而，在这段艰难的旅程中，莱卡却表现出了超乎寻常的适应能力和顽强的生命力。它保持着稳定的生命体征，甚至还在太空舱中留下了自己的足迹。

然而，这场实验并没有像科学家们预期的那样顺利。由于太空舱的隔热系统出现故障，导致舱内温度急剧升高。尽管科学家们已经尽力修复，但最终还是无法挽回莱卡的生命。在进入太空几个小时后，莱卡因高温而去世。这一结果令科学家们深感悲痛和遗憾，但同时也为他们积累了宝贵的实验数据和经验。

人类首次踏入太空并不一帆风顺

尽管莱卡未能完成整个太空旅程，但它的牺牲却为人类太空探索事业做出了巨大的贡献。它勇敢和坚韧的精神成为人类探索太空的象征和动力。在莱卡的激励下，苏联科学家们继续投身于太空探索事业中，不断取得新的突破和进展。

从1960年1月开始一直到1961年3月，苏联共进行了七次无人飞船试验，其中失败四次，成功三次，而且最后两次连续成功。因此当局认为苏联完全具备了载人飞船的发射能力。

然而，意外还是发生了。1961年3月23日，苏联准备执行任务的航天员瓦伦丁·邦达连科在地面训练的最后一天，在一个高浓度氧气舱里，随手扔了一个擦拭身体的酒精棉球，不巧正好落在电热器上，立即引起大火，邦达连科因烧伤抢救无效不幸去世。

不过，仅仅不到一个月，1961年4月12日，苏联就发射了世界上第一艘载人飞船"东方1号"，接替邦达连科的加加林成功绕地球一圈后，在萨拉托夫附近安全着陆。加加林也成为世界上第一位遨游太空的航天员。

历史小视界

1957年，苏联为进入太空的先驱——莱卡，特别发行了纪念邮票，上面印有莱卡执行航天任务前最后拍摄的形象。苏联在莫斯科还为莱卡设立了一座纪念碑，莱卡甚至还成为苏联一种香烟的商标。时至1997年，即莱卡太空之旅40年后，俄罗斯人民在莫斯科近郊的航天与太空医学研究中心内，为其建立了一座纪念馆。这里，正是莱卡与其余9位勇敢伙伴共同接受严格训练的地方。

名人趣事

达·芬奇不只是一位画家

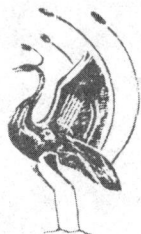

　　文艺复兴是欧洲历史上一个充满变革与创新的重要时期。它以独特的人文主义思潮、卓越的艺术成就著称。这一时期的成就不仅深刻地影响了欧洲文化的发展轨迹，也对近代文明产生了深远的影响。文艺复兴时期，在美术领域最著名的莫过于"美术三杰"：达·芬奇、米开朗琪罗和拉斐尔。

　　说起达·芬奇，人们第一印象就是他卓越的绘画成就，但其实他不只是一位画家。

　　回溯文艺复兴时期，人们往往关注巨大的思想艺术成就，其实那时还是科学与技术大发展的时期，而达·芬奇正是当时科学与艺术全能的代表性人物。

全能型天才达·芬奇

　　列奥纳多·达·芬奇是意大利文艺复兴时期的杰出代表人物。他才华横溢，在绘画、雕塑等艺术领域有着卓越的成就，其作品如《蒙娜丽莎》和《最后的晚餐》等，至今仍是世界艺术史上的瑰宝，展现了他在绘画方面的深厚造诣和独特风格。然而，他的才华远不止于此。达·芬奇不仅是一位伟大的艺术家，同时他还是一位跨越多个学科界限的全能天才，其科学贡献同样令人瞩目。

在解剖学领域，他通过详尽的人体解剖研究，绘制了精确且富有洞见的解剖图，这些图纸不仅揭示了人体结构的奥秘，更为现代医学和解剖学的发展奠定了坚实的基础。达·芬奇对生物学研究同样深入，他对动植物的观察与记录展现了他对自然界的浓厚兴趣。

在物理学与天文学方面，达·芬奇的思想超前而深邃。他否定了当时普遍接受的"地球中心说"，在哥白尼发表"日心说"之前，达·芬奇就在手记中提出了类似的看法。在物理学上，他研究了光的性质、流体力学以及抛体运动等物理现象，并提出了许多富有创见的理论。在天文学上，他研究了月球、太阳和星体的运动规律，对天文现象有着独到的见解。

在建筑与城市规划领域，达·芬奇同样展现了他的远见卓识。他设计的建筑方案融合了美学与实用性，充分体现了文艺复兴时期的人文主义精神。他的城市规划理念注重公共空间的布局与功能划分，倡导通过规划来改善城市环境、促进社会发展。虽然许多设计方案并未得以实施，但它们所蕴含的创新思维与设计理念却对后来的建筑与城市规划产生了深远的影响。

此外，达·芬奇还是一位杰出的工程师和发明家。他设计了许多机械装置和战争器械，这些设计不仅展现了他在工程技术上的卓越才能，更体现了他对实用性与创新性的不懈追求。他的飞行器设计、军械制造以及水利工程的构想，都充满了对未来的憧憬与想象，为后世的科技发展提供了宝贵的启示。

当达·芬奇初抵米兰之际，他接到了一项为米兰公爵已逝尊亲弗朗切斯科·斯福尔扎塑造骑马纪念碑像的委托。这项创作断断续续持续了12年，直至公元1493年，达·芬奇才成功雕琢出一尊高达22英尺（约6.7米）的完整尺寸黏土模型。遗憾的是，由于当时青铜资源被紧急调配用于铸造大炮，这尊杰作未能进一步铸造成青铜雕像。这尊珍贵的黏土模型在公元1499年被法国军队当作射击练习的标靶，遭受严重破坏。

路易十四为自己发明了高跟鞋

路易十四通过战争，为法国征服了许多领土，今天法国版图的雏形正是在他统治时期形成，他也因此被世人称为"太阳王"。但这位皇帝却身材矮小。在当时的欧洲社会，身高被视为衡量一个男子是否威严、高贵的重要标准。因此，路易十四对自己的身高十分不满，觉得自己的身高与地位并不匹配。

为此，路易十四发明了高跟鞋，随着时间的推移，路易十四的高跟鞋逐渐在宫廷中流行起来。许多贵族和官员们纷纷效仿他的做法，开始穿着高跟鞋以展示自己的地位和身份。因此，高跟鞋其实一开始是男人穿的。高跟鞋的流行不仅改变了人们的穿着习惯，还对整个时尚界产生了深远的影响。

高跟鞋的发明之路

因对自己的身高不满，路易十四寻找各种方法来"增加"自己的身高。他尝试了各种方法，如穿着特制的增高鞋、在鞋底垫上厚垫等。然而，这些方法虽然能在一定程度上增加他的身高，但效果并不理想，而且显得非常笨拙和不自然。

在寻找增高的方法的过程中，路易十四迸发出一个大胆的想法——发明一种高跟鞋。他吩咐鞋匠为他量身定制一款高跟鞋，使得他在穿上鞋子后能够显得更高大、更威严。

这款高跟鞋的设计非常独特，鞋跟部分由坚固的木材或金属制成，以确保其稳定性和耐用性。同时，鞋面部分则由柔软舒适的材料制成，以确保穿着的舒适性和透气性。

穿上这款高跟鞋后，路易十四感到非常满意。他发现自己不仅变得更加高大威猛，而且走起路来也更加自信和从容。于是，他开始频繁地穿着这款高跟鞋出现在各种场合中，以展示自己的威严和地位。在路易十四的"带领"下，高跟鞋随后在贵族中流行起来，许多贵族男子也穿上了它，这在当时的绘画作品中能够找到很多佐证。

高跟鞋在女子间流行

到了公元 17 世纪末期，高跟鞋已经成为欧洲社会的一种时尚潮流。无论是男性还是女性，都穿着高跟鞋以展示自己的时尚品位和身份地位。随着洛可可风格艺术的流行，女性对高跟鞋的热衷也达到一个新高度，女性穿着高跟鞋很容易显得更加挺拔和纤美。到了公元 18 世纪 30年代，女性鞋跟朝细根发展，一般称为"蓬巴杜鞋跟"或"法国鞋跟"，鞋头以尖头为主，这种风格的高跟鞋在欧洲宫廷和上层社会中非常受欢迎。然而这种造型的高跟鞋是男人很难驾驭的。

与此同时，男性的高跟鞋开始变得又短又厚，随着男性服装风格和社会观念的转变，男性逐渐放弃了高跟鞋，转而穿着更加平实的皮鞋。在公元 18 世纪中后期，男性基本就不再穿高跟鞋了。

历史小视界

路易十四以其非凡的品位，在宫廷内引领了一股前所未有的奢华潮流，这股风尚如同潮水般涌向了法国的各个角落，他穿高跟鞋就引发了社会穿高跟鞋的风潮，整个贵族阶层都在效仿。

路易十四还非常喜欢安排盛宴，并用镀金餐具彰显其尊贵身份。每当宴会将启，国王的总管便会用洪亮的声宣告："共享御赐珍馐之时已至！"随后，一支镶嵌着金百合花饰（象征法国王室的高贵与纯洁）的精致单簧管响起悠扬的旋律，为宴席的华美演奏序曲。

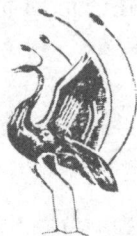

牛顿曾纵横英国金融业

伟大的英国科学家和数学家——艾萨克·牛顿，以其在物理学、数学、天文学等方面的卓越学术成就和独特的智慧赢得了全世界的敬仰。然而，这位天才科学家的世界里并非只有数字和公式那么简单。在晚年，他接受了一个与科学家大相径庭的职位——英国皇家造币厂的厂长。此后，牛顿将自己的智慧应用在造币上，并负责打击当时英国日益猖獗的假币犯罪。

科学泰斗遇到假币高手

公元 17 世纪末，英国的假币问题十分严重。据估计，当时每十枚银币中就有一枚是假币。这些假币不仅扰乱了经济秩序，也损害了普通民众的利益。为了维护国家的金融稳定，英国政府决定采取行动，而牛顿则成为这一行动的关键人物。

牛顿上任后，迅速展开了对假币犯罪的调查。他了解到，假币的制造者都是一群极为狡猾的犯罪分子，他们利用精湛的造假技艺和复杂的销售路径，将假币混入市场，从中牟取暴利。其中，威廉·查洛纳是这些假币贩子中最狡猾、最难对付的一个。

查洛纳是一个精通各种造假技术的犯罪高手。他不仅拥有精湛的造假技术，还具备出色的商业头脑和人际关系能力。他通过贿赂官员、勾结商人等手段，建立起了一个庞大的假币制造和销售网络。他的假币制作精细，几乎可以媲美真币，使得许多人都难以分辨真伪。

牛顿打击经济犯罪毫不退缩

面对如此强大的对手，牛顿并没有退缩。他决心要彻底摧毁以查洛纳为首的假币网络，为国家和人民带来安宁。他首先组织了一支专业的侦探队伍，对查洛纳的犯罪网络进行了深入调查。通过收集情报、分析线索、追踪资金流向等手段，牛顿逐渐摸清了查洛纳的犯罪脉络。

然而，查洛纳并不是一个容易对付的敌人。他得知牛顿正在调查自己后，立即采取了反制措施。他利用自己在官场和商界的影响力，对牛顿进行诽谤和攻击。他向王室告发牛顿贪污受贿、滥用职权，试图将牛顿拉下水。

面对查洛纳的反击，牛顿并没有动摇。他坚持自己的清白和正义，继续深入调查。他组织了更多的私家侦探，扩大了调查范围，搜集了更多的证据。同时，他也向王室和议会汇报了调查进展和查洛纳的罪行。

在牛顿的坚持下，王室和议会终于对查洛纳的罪行进行深入调查。他们发现查洛纳不仅制造假币，还涉及其他多项犯罪行为。于是，官方决定对查洛纳进行逮捕和审判。

然而，查洛纳并没有轻易就范。他再次利用自己在官场和商界的影响力，企图通过贿赂和威胁等手段逃脱惩罚。他甚至派出手下在法庭上制造混乱，试图干扰审判的进行。

面对查洛纳的疯狂反扑，牛顿依然没有退缩。他亲自出庭做证，向法官和陪审团揭露了查洛纳的罪行。他利用自己的科学知识和逻辑推理能力，对查洛纳的假币制造技术进行深入剖析，揭露了他制造假币的伎俩。

在牛顿的坚决斗争下，查洛纳最终没能逃脱法律的制裁。他被判有罪，并被处以绞刑。这场判决不仅带来了正义的胜利，也为牛顿赢得了更多的尊敬和赞誉。

牛顿化身金融高手

但牛顿并没有因此而满足。他深知假币犯罪的根源在于制度的不完善和法律的不健全。因此，他继续致力于改革和完善货币制度，加强金融监管和提升打击假币犯罪的力度。他提出了一系列建议和措施，包括加强货币防伪技术、完善货币流通机制、建立严格的金融监管制度等。他强调了黄金作为货币的重要性，并提出了对黄金进行国家统一定价以及确定金银比价的建议。这些建议和措施得到了王室和议会的重视和支持，为英国货币制度的改革和完善奠定了坚实的基础。

在牛顿的努力下，英国的假币犯罪得到了有效的遏制。假币的流通率大幅下降，经济秩序得到了恢复和稳定。同时，牛顿也因其卓越的贡献而获得了更多的荣誉和尊重。他被誉为"现代货币之父"和"金融学的奠基人"，成为英国乃至世界金融史上的一位重要人物。

公元1696年，英国市场面临零钱货币短缺的严峻挑战，经济流通受阻。为迅速破解这一困境，牛顿亲自督阵，聚焦于加速新币的生产进程。与此同时，蒙塔古的高效组织策略也发挥了关键作用。在两人合力之下，新币产量在极短时间内实现了惊人的飞跃，从最初的每周1.5万磅（约6804公斤）激增至每周12万磅（约5万公斤），增幅高达八倍。这些新铸造的货币不仅在数量上满足了市场需求，更在质量上达到了前所未有的标准，无论是精确度、纯度还是其精美的图案设计，均完美契合了既定的设计要求。

华盛顿竟死于放血

　　乔治·华盛顿是美国历史上杰出的政治家、军事家、革命家，在美国独立战争中曾担任大陆军总司令，通过一系列艰苦卓绝的战斗，包括特伦顿战役、普林斯顿战役、萨拉托加大捷等，最终迫使英国承认美国的独立。

　　华盛顿以高尚的品德和卓越的领导能力赢得了美国人民的尊敬和爱戴，被推选为美国的首任总统。华盛顿被誉为"美国国父"，然而这样的英雄人物最终却被一场普通感冒夺走了生命，而且是因为当时医疗不发达，医生采用"放血疗法"而不幸逝世。

一场小小的感冒袭击了华盛顿

　　公元 1799 年 12 月 12 日，这是一个寒冷的冬日，乔治·华盛顿骑着马在完成对自家庄园的巡视后，突然感到身体不适。他因严寒天气而感冒了，症状包括高热、咽痛、声嘶以及呼吸困难。

　　然而，当时的医疗水平和医学知识有限，医生们对于感冒的认识和治疗方法与现代大相径庭。在那个时代，医学理论尚未完全摆脱中世纪的神秘主义色彩，许多医生仍然相信"四体液说"，即人体内的血液、黏液、黄胆汁和黑胆汁必须保持平衡，才能保持健康。当人体生病时，他们往往认为是体内某种体液过多或过少导致的。

对于华盛顿的病情，医生们普遍认为是体内血液过多和陈旧血液的存在所导致的。他们认为，通过放血疗法，可以排出多余的血液和毒素，从而恢复身体体液的平衡。于是，他们决定采用放血疗法作为治疗手段。

然而，事情并未如医生们所愿。华盛顿的病情并没有在首次放血后得到缓解，反而变得更加严重。医生们感到困惑和焦虑，他们决定继续为华盛顿进行放血治疗。

此后的两天时间里，医生们为华盛顿进行了至少四次放血。每次放血时，他们都小心翼翼，生怕对华盛顿造成过多的伤害。然而，由于对感冒缺乏深入了解和有效的治疗方法，他们无法控制放血的量和频率。据估计，这几天华盛顿的放血量超过了 2000 毫升。

在放血的同时，医生们还尝试了其他治疗手段。他们给华盛顿喂食含有糖蜜、黄油和醋的补品，希望通过这些营养物质来增强他的体力。然而，这些食物对华盛顿的喉咙造成刺激，使得他的病情进一步恶化。他几乎无法吞咽任何东西，甚至连呼吸都变得困难起来。

此外，医生们还尝试给华盛顿灌肠。他们希望通过这种方式排出华盛顿体内的毒素，从而缓解病情。然而，这种方法同样未能挽救华盛顿的生命。在经历了几天的折磨后，华盛顿的病情已经变得十分严重，恶化成肺炎。他感到极度虚弱和痛苦，无法再承受任何治疗了。公元 1799 年 12 月 14 日夜晚，华盛顿在痛苦和绝望中离开了人世。

"放血疗法"在西方延续了数千年，在公元17世纪和公元18世纪，放血疗法更是发展到巅峰。在当时，放血被认为是"一种最伟大也最迅速的治疗方法"。当时很多家庭都有成套的放血工具，例如方便随身携带的柳叶刀，能造成更大创口的放血刀，能一次划一排血口子的划痕器……

医疗技术的不发达，还导致许多其他荒唐的"治疗手段"被长期使用。中世纪时期，面对如黑死病这样的严峻疫情，欧洲人甚至尝试使用黏土作为治疗手段，而过度依赖催吐剂和泻药则导致许多患者因剧烈呕吐引发食道损伤、出血乃至不幸离世。直到公元17世纪，在欧洲催吐与泻药仍作为常规医疗手段被广泛应用。

统一德国的俾斯麦竟然被德皇"开除"

俾斯麦是公元19世纪德国杰出的政治家和外交家，他在任时实行"铁血政策"帮助德国完成统一。然而这位对德国统一做出巨大贡献的人物，却最终因政见不和落了个被德皇威廉二世开除的下场。

"铁血宰相"俾斯麦

公元19世纪中期，德意志地区仍然处于分裂状态，由多个邦国和自由城市组成，其中奥地利和普鲁士是两个最强大的邦国。这种分裂状态不利于资本主义经济的发展，因此统一成为德意志资产阶级的迫切要求。俾斯麦代表容克地主阶级和大资产阶级的利益，认为通过武力统一德国是实现国家强大和经济发展的有效途径。

公元1862年，俾斯麦出任普鲁士宰相后，提出了通过战争实现德意志统一的"铁血政策"，他指出普鲁士应当依靠军事力量来征服和统一其他邦国。德皇威廉一世当即采纳了俾斯麦的建议，并全力支持他实施这一政策。

公元 1864 年，丹麦国王弗雷德里克七世病故后，丹麦与德意志邦联在石勒苏益格－荷尔斯泰因州问题上发生冲突。普鲁士王国联合奥地利帝国对丹麦宣战，最终获胜并占领了石勒苏益格－荷尔斯泰因州。

公元 1866 年的意大利统一运动为普鲁士提供了出兵的借口。普鲁士联合意大利及北德的一些中小邦国，对奥地利帝国宣战。战争以普鲁士的胜利告终，奥地利被迫解散德意志邦联，普鲁士随后建立了北德意志邦联。

公元 1870 年，法国为阻止德国的统一，向普鲁士宣战，普法战争爆发。战争以普鲁士的大获全胜告终，法国皇帝拿破仑三世在色当投降。普鲁士国王威廉一世随后在法国凡尔赛宫加冕为皇帝，成立了德意志帝国。俾斯麦就这样最终帮助威廉一世统一了整个德国。

被迫辞职下台

然而，好景不长，公元 1888 年威廉一世去世后，其子威廉二世继位。威廉二世性格反复不定且粗暴，主张实行更为激烈的扩张政策。他对俾斯麦的外交政策和个人权威逐渐产生不满。

威廉二世渴望掌握更多的权力，而俾斯麦作为帝国宰相，其权力在帝国体制内几乎无人能及。威廉二世认为俾斯麦的存在威胁到自己的皇权，于是对俾斯麦的外交政策，特别是其对俄国的态度表示不满。他更倾向于与奥地利结盟，而非继续维持与俄国的友好关系。这种分歧导致了两人之间的裂痕进一步加深。他认为必须采取行动来削弱俾斯麦的权力。

公元 1890 年 2 月，德国帝国议会选举中，"政党联盟"惨败，所得议席大幅下降，这标志着俾斯麦的执政基础已经被瓦解。面对这样的政治形势，俾斯麦意识到自己已经无法继续维持执政地位。在发觉自己的政治地位已经岌岌可危后，俾斯麦于公元 1890 年 3 月 18 日向威廉二世提交了辞呈。

威廉二世在收到俾斯麦的辞呈后，于 3 月 20 日批准了这一请求。一代"铁血首相"的执政生涯就此画上句号。

历史小视界

俾斯麦的"铁血性格"在一则广为流传的故事中可见一斑。某次，他租用了一处空房间来办公，他向房东提出了安装电铃的请求，却遭到了房东的婉拒，理由是他没有承担安装此类设施的义务。面对房东的回应，俾斯麦并未立即反驳，而是保持了沉默。夜幕降临，房东突然被一阵不寻常、疑似枪声的声响惊动，他连忙赶往俾斯麦的房间查看情况。到达后，房东惊讶地发现，房间内一切看似平静，俾斯麦正悠然自得地处理公务，桌上放着一把还在微微冒烟的手枪。房东心中满是疑惑与不安，小心翼翼地询问发生了何事。俾斯麦则以轻松的态度回应："没什么。我只不过在用枪召令我的部下。"次日清晨，当第一缕阳光洒进房间时，房东已经安排妥当，为俾斯麦的办公室装上了他所需要的电铃。

戈林其实应该改姓迈耶

赫尔曼·威廉·戈林作为纳粹德国的重要人物，不仅是纳粹党的核心成员，更是纳粹空军的奠基人和指挥官，其权力在战争初期达到了顶峰，被誉为纳粹德国的"二号人物"。

戈林以其狂妄的性格和张扬的作风，成为纳粹德国政坛上的一位独特人物。他对德国空军的实力充满信心，甚至狂妄到宣称："没有一架敌人的轰炸机能到达鲁尔工业区。如果有一架飞机飞到了鲁尔工业区，我就不再姓戈林，你可以叫我迈耶。"然而盟军不但轰炸了鲁尔工业区，更是轰炸了柏林，但他并没有"兑现"这一狂妄的承诺。

迈耶还是迈尔？

"赫尔曼·迈耶"成为戈林有名的"历史梗"，与他在广播中的声明是分不开的，很多人见证了他的"立誓"。不过德国的姓氏那么多，戈林立誓时为什么说要把姓氏改成"迈耶"呢？

事实上，戈林立誓的姓氏现在有两个版本：迈耶（Meyer）和迈尔

（Meier）。由于他是在广播中声明，并没有正式的文本佐证，所以是迈耶还是迈尔至今仍有争议。

迈耶是一个常见的日耳曼化的犹太姓氏。戈林说要把姓氏改成"迈耶"，意为自己要当犹太人。而在当时，纳粹德国意识形态强烈排犹，甚至对犹太人展开了残酷的大屠杀。戈林这样说的用意就可以理解了。这也是最被认可的一个版本。

迈尔更是德国常见姓氏，当时德国约 1/6 人口的姓氏都是迈尔或其变体。在德国文化环境中，迈尔的本意指中世纪时那些没有土地的农民，也就是说它是一个基本属于德国底层民众的姓氏。戈林是德国贵族出身，他的父亲也曾担任德国在西非殖民地的长官，他的教父更是贵族骑士。戈林本人则是纳粹德国的"二号人物"，他说要把姓氏改成"迈尔"，意思和成为"土老帽"差不多。

狂人戈林的末路

1940 年，英国空军成功地轰炸了德国首都柏林，这一事件如同晴天霹雳，彻底将戈林的狂妄承诺击碎。

在公众面前，戈林颜面尽失，他的声誉和地位也受到了严重的打击，他"改姓"的立誓也被德国民众嘲讽。这次事件不仅让戈林在军事上遭受重大的挫折，也让他在纳粹党内的地位岌岌可危。

尽管戈林试图通过其他方式挽回自己的声誉和地位，但他在军事上的失败和政治上的失误已经让他无法挽回颓势。随着战争的深入和纳粹德国的逐渐落败，戈林的地位和影响力进一步下降。他在战争末期试图取代希特勒并与盟军求和的计划也宣告失败，这次失败彻底摧毁了他在纳粹党内的地位和影响力。

1945年，随着纳粹德国的败亡，戈林被盟军俘虏。在纽伦堡审判中，他被判处绞刑。然而，在行刑前，戈林选择了服毒自杀，结束了自己的一生。

历史小视界

戈林在第一次世界大战中崭露头角，以卓越的飞行技能成为王牌飞行员，他成功击落了多达22架敌方飞机，这一非凡成就为他赢得了德国军事领域至高无上的荣誉——大铁十字勋章。此外，在战争接近尾声之际，他还担任了曾由传奇飞行员"红男爵"曼弗雷德·冯·里希特霍芬统领的第一战斗机联队的指挥官。

爱因斯坦经常"忘带钥匙"

爱因斯坦是 20 世纪最伟大的科学家之一，其以相对论为代表的科学理论改变了人类对宇宙的认知。然而，在他的生活中，却常常出现一些令人啼笑皆非的小插曲。其中，爱因斯坦也和我们许多人一样经常"忘带钥匙"，而且爱因斯坦"忘带钥匙"的经历从学生时代就开始了……

早年求学时期

在爱因斯坦早年求学时期，他便已经展现出了"忘带钥匙"的毛病。17 岁时他考入了苏黎世联邦理工学院，开始了他对数学和物理的狂热学习。在求学过程中，他的大脑常常遨游在知识的海洋中，以致经常忘记生活中要做的事情。每当夜深人静时，邻居们常常可以听到他站在大门口低声向房东太太道歉："实在抱歉，我又忘记带钥匙了。"

婚礼上的小插曲

1903 年 1 月 6 日下午，爱因斯坦与大学时的同学米列娃喜结连理。婚礼喜宴结束后，他与新娘手牵手向新居走去。然而，就在他们即将迈入家门之际，爱因斯坦却突然停下了脚步。他摸了摸口袋，神情懊悔地说："哎呀，糟糕！我忘记带大门钥匙了。"新娘惊异地看着他，而他却转身向办公室一路小跑而去。这一幕不仅让新娘感到无奈，也让在场的宾客们捧腹大笑。

移居美国后的趣事

1933 年，由于遭受德国纳粹迫害，爱因斯坦移居美国，并担任普林斯顿高级研究所主任。然而，即使在美国这个陌生的国度，他对于生活琐事的记性依旧不好。有一天，他正在路上边走边思索着科研问题，不知不觉走到一个陌生的地方。当他发现自己迷了路时，想找人问路却发现连自己家的住址也想不起来了。在无可奈何的情况下，他只好给自己的办公室打电话询问自家的住址。接电话的是他的秘书，秘书在得知是他本人后大吃一惊，因为他从未想过这位伟大的科学家会忘记自己家的住址。

历史小视界

2020 年 10 月 8 日，诺贝尔奖官方揭晓了爱因斯坦青年时期在瑞士阿劳州立中学的学业成绩单，时间追溯至公元 1896 年。根据当时的评分标准体系，满分为 6 分，而最低则为 1 分。该成绩单亮点纷呈，爱因斯坦在代数、几何、物理学及历史学等五大核心学科上均获得了完美的 6 分成绩，显示出他在这几个领域内的卓越才能。此外，他在德语与意大利语语言文学、自然历史以及化学等科目上也取得了不俗的 5 分，体现了其广泛的学术兴趣和扎实的知识基础。在地理、绘画及工业绘图等科目上，爱因斯坦也获得了 4 分，进一步证明了他不仅在理科上出类拔萃，在文科与艺术领域同样展现出一定的才能。

世界上命最硬的男人—— 卡斯特罗

　　古巴位于加勒比海地区，地理位置十分重要。美国一直将古巴视为自己的"后院"，屡屡在古巴培植亲美政权。20世纪50年代，菲德尔·卡斯特罗领导古巴革命，推翻了唯美国马首是瞻的巴蒂斯塔政权，带领古巴走上社会主义道路，为国家和人民争取到了自由与尊严。在东欧剧变后，卡斯特罗一方面顶住各方面的压力，坚持社会主义道路；另一方面，进行古巴改革，抵御美国的"和平演变"。

　　正因如此，卡斯特罗被美国政府看作"眼中钉，肉中刺"，欲除之而后快，美国中央情报局（CIA）曾经多次想要暗杀卡斯特罗，但均以失败告终。面对中情局的暗杀，卡斯特罗凭借自己的机智、警觉和运气，一次次躲过了危机，被称为"世界上命最硬的男人"。

针对卡斯特罗的五花八门的暗杀

　　据统计和估计，美国中央情报局曾对卡斯特罗进行过数百次暗杀，具体数字高达638次，九届美国政府都有参与。古巴反间谍总局局长法比安·艾斯卡兰特·冯特甚至出版了一本回忆录《刺杀卡斯特罗的638种方法》。这些暗杀行动贯穿了卡斯特罗的政治生涯，从他上台执政开始，一直持续到他去世前。

美国中央情报局的暗杀手段五花八门，包括但不限于毒药、手枪、微型子弹、无后坐力炮、带有微型毒针的自动铅笔等。其中，一些手段相当离谱，如制作雪茄炸弹、在潜水服中植入有毒真菌、施展美人计等。

卡斯特罗抽雪茄的时间很长，而美国中央情报局人员多次利用这点对他进行暗杀。美国中央情报局曾制作出一种外表看似普通实则含有剧毒的雪茄，还是卡斯特罗最中意的牌子。然而卡斯特罗警惕性极高，及时发现才幸免于难。而且从1985年开始，卡斯特罗戒掉了雪茄，"毒雪茄"计划彻底泡汤。

不仅如此，美国中央情报局还曾使用过"美人计"，他们招募了卡斯特罗的老情人玛丽塔·洛伦茨作为特工，试图通过她接近并暗杀卡斯特罗。然而，玛丽塔最终再次爱上了卡斯特罗，并放弃了暗杀任务。

卡斯特罗酷爱潜水，美国中央情报局便计划在他潜水时进行暗杀，为此还制作了特殊的贝壳炸弹。这种贝壳色彩明亮、形状独特，便于吸引卡斯特罗，然而由于投放失败，这个计划最终流产。"猪湾事件"后，美国肯尼迪总统派出特使詹姆斯·多诺万前往古巴交涉，并交给他一件染有致命真菌的潜水服，让他送给卡斯特罗。然而，不知真相的多诺万觉得潜水服低档破旧，自己另买了一套送给他。

一次次的失败，使得美国中央情报局颜面扫地。卡斯特罗则幽默地说："今天我还活着，这完全是由于美国中央情报局的过错。"他还无比幽默地说："如果奥运会有遭受暗杀次数这一项，我是绝对的冠军。"

历史小视界

　　据古巴媒体称，美国中央情报局曾经制订了旨在推翻卡斯特罗政权的"准军事行动"，这个军事计划就是"冥王星计划"，暗杀卡斯特罗也是计划中的一部分。为此美国中央情报局甚至专门组建了一支暗杀小队——古巴旅。小队成员均为来自古巴的流亡分子，为了迷惑外界，美国中央情报局从2500号开始按顺序编排他们。然而在训练期间，编号为2506的卡洛斯从湿滑的山路上坠落死亡。为纪念死亡的卡洛斯，该旅最后也被称为"2506突击旅"。

青史堂
QINGSHITANG